TRANSLATED

Translated Language Learning

The Little Mermaid

인어공주

Hans Christian Andersen

English / 한국어

Copyright © 2023 Tranzlaty
All rights reserved.
Published by Tranzlaty
ISBN: 978-1-83566-290-8
Original text by Hans Christian Andersen
Den Lille Havfrue
First published in Danish in 1837
www.tranzlaty.com

The Little Mermaid
인어공주

Far out in the ocean, where the water is blue
저 멀리 바다, 물이 파랗게 물든 곳
here the water is as blue as the prettiest cornflower
이곳의 물은 가장 예쁜 수레국화처럼 파랗습니다
and the water is as clear as the purest crystal
그리고 물은 가장 순수한 수정처럼 맑습니다
this water, far out in the ocean is very, very deep
저 멀리 바다에 있는 이 물은 아주, 아주 깊습니다
water so deep, indeed, that no cable could reach the bottom
물이 너무 깊어서 어떤 케이블도 바닥에 닿을 수 없었습니다
you could pile many church steeples upon each other
많은 교회 첨탑을 서로 쌓을 수 있습니다
but they would not reach the surface of the water
그러나 그들은 수면에 도달하지 못할 것입니다
There dwell the Sea King and his subjects
그곳에는 바다의 왕과 그의 신하들이 살고 있습니다
you might think it is just bare yellow sand at the bottom
바닥에 있는 노란 모래라고 생각할 수도 있습니다
but we must not imagine that there is nothing there
그러나 우리는 거기에 아무것도 없다고 상상해서는 안 됩니다
on this sand grow the strangest flowers and plants
이 모래 위에서 가장 이상한 꽃과 식물이 자랍니다
and you can't imagine how pliant the leaves and stems are
그리고 잎과 줄기가 얼마나 유연한지 상상할 수 없습니다
the slightest agitation of the water causes them to stir
물이 조금만 흔들려도 휘젓습니다
it is as if each leaf had a life of their own
마치 나뭇잎 하나하나가 저마다의 생명을 가지고 있는 것 같습니다
Fishes, both large and small, glide between the branches
크고 작은 물고기들이 나뭇가지 사이를 미끄러지듯 지나갑니다
just like when birds fly among the trees here upon land
마치 새들이 땅 위의 나무들 사이를 날아다니는 것처럼 말이다

In the deepest spot of all stands a beautiful castle
가장 깊은 곳에 아름다운 성이 있습니다
this beautiful castle is the castle of the Sea King
이 아름다운 성은 바다 왕의 성입니다.
the walls of the castle are built of coral
성의 벽은 산호로 지어졌습니다
and the long Gothic windows are of the clearest amber
긴 고딕 양식의 창문은 가장 맑은 호박색입니다
The roof of the castle is formed of sea shells
성의 지붕은 조개껍데기로 이루어져 있습니다
and the shells open and close as the water flows over them
그리고 조개껍데기는 물이 그 위로 흐를 때 열리고 닫힙니다
Their appearance is more beautiful than can be described
그들의 모습은 묘사할 수 있는 것보다 더 아름답습니다
within each shell there lies a glittering pearl
각 조개껍데기 안에는 반짝이는 진주가 들어 있습니다
and each pearl would be fit for the diadem of a queen
그리고 각 진주는 여왕의 왕관에 적합할 것입니다

The Sea King had been a widower for many years
바다의 왕은 오랜 세월 홀아비로 지냈다
and his aged mother kept house for him
그의 연로한 어머니가 그를 위해 집을 지켰다
She was a very sensible woman
그녀는 매우 분별력 있는 여자였다
but she was exceedingly proud of her high birth
그러나 그녀는 자신의 고귀한 출생을 매우 자랑스러워했다
and on that account she wore twelve oysters on her tail
그리고 그 때문에 그녀는 꼬리에 굴 열두 개를 달고 다녔다
others of high rank were only allowed to wear six oysters
다른 고위직은 굴 6개만 착용할 수 있었다
She was, however, deserving of very great praise
그러나 그녀는 매우 큰 칭찬을 받아 마땅했습니다
there was something she especially deserved praise for
그녀에게는 특별히 칭찬받아 마땅한 것이 있었다
she took great care of the the little sea princesses
그녀는 작은 바다 공주들을 잘 돌 보았습니다

she had six granddaughters that she loved
그녀에게는 여섯 명의 손녀가 있었는데 그들은 그녀를 사랑했습니다
all the sea princesses were beautiful children
바다의 공주들은 모두 예쁜 아이들이었다
but the youngest sea princess was the prettiest of them
하지만 막내 바다 공주가 가장 예뻤어요
Her skin was as clear and delicate as a rose leaf
그녀의 피부는 장미 잎사귀처럼 맑고 섬세했다
and her eyes were as blue as the deepest sea
그녀의 눈은 가장 깊은 바다처럼 파랗다
but, like all the others, she had no feet
하지만 다른 모든 사람들처럼 그녀에게도 발이 없었다
and at the end of her body was a fish's tail
그리고 그녀의 몸 끝에는 물고기의 꼬리가 있었다

All day long they played in the great halls of the castle
그들은 하루 종일 성의 큰 홀에서 놀았다
out of the walls of the castle grew beautiful flowers
성벽에서 아름다운 꽃이 자랐습니다
and she loved to play among the living flowers, too
그리고 살아 있는 꽃들 사이에서 노는 것도 좋아했다
The large amber windows were open, and the fish swam in
커다란 호박색 창문이 열려 있었고, 물고기들이 헤엄쳐 들어왔다
it is just like when we leave the windows open
창문을 열어 둘 때와 같습니다
and then the pretty swallows fly into our houses
그리고 예쁜 제비들이 우리 집으로 날아온다
only the fishes swam up to the princesses
물고기들만이 공주들에게 헤엄쳐 갔다
they were the only ones that ate out of their hands
그들은 그들의 손에서 먹은 유일한 사람들이었습니다
and they allowed themselves to be stroked by them
그리고 그들은 그들에게 쓰다듬어지도록 내버려 두었다

Outside the castle there was a beautiful garden
성 밖에는 아름다운 정원이 있었습니다
in the garden grew bright-red and dark-blue flowers
정원에는 밝은 빨간색과 짙은 파란색의 꽃이 자랐습니다
and there grew blossoms like flames of fire
그리고 그곳에는 불꽃 같은 꽃이 피었다
the fruit on the plants glittered like gold
식물의 열매는 금처럼 반짝였습니다
and the leaves and stems continually waved to and fro
그리고 잎과 줄기는 계속해서 이리저리 흔들렸다
The earth on the ground was the finest sand
땅 위의 땅은 가장 좋은 모래였다
but it does not have the colour of the sand we know
그러나 그것은 우리가 알고있는 모래의 색깔을 가지고 있지 않습니다
it is as blue as the flame of burning sulphur
그것은 타오르는 유황의 불꽃처럼 파랗다
Over everything lay a peculiar blue radiance
모든 것 위에 특유의 푸른 광채가 드리워져 있었다
it is as if the blue sky were everywhere
마치 푸른 하늘이 어디에나 있는 것 같습니다
the blue of the sky was above and below
하늘의 푸른 색은 위와 아래에 있었습니다
In calm weather the sun could be seen
잔잔한 날씨에는 태양을 볼 수 있습니다
from here the sun looked like a reddish-purple flower
여기에서 태양은 붉은 보라색 꽃처럼 보였다
and the light streamed from the calyx of the flower
꽃받침에서 빛이 흘러나왔다

the palace garden was divided into several parts
궁전 정원은 여러 부분으로 나뉘어져 있습니다
Each of the princesses had their own little plot of ground
공주들은 저마다의 작은 땅을 가지고 있었습니다
on this plot they could plant whatever flowers they pleased
이 밭에 그들은 원하는 꽃을 심을 수 있습니다
one princess arranged her flower bed in the form of a whale

한 공주는 고래 모양으로 화단을 꾸몄습니다
one princess arranged her flowers like a little mermaid
한 공주는 인어공주처럼 꽃을 꽂았습니다
and the youngest child made her garden round, like the sun
막내아이는 정원을 태양처럼 둥글게 만들었다
and in her garden grew beautiful red flowers
그녀의 정원에는 아름다운 붉은 꽃이 피었습니다
these flowers were as red as the rays of the sunset
이 꽃들은 석양의 광선처럼 붉었습니다

She was a strange child; quiet and thoughtful
그녀는 이상한 아이였다. 조용하고 사려 깊은
her sisters showed delight at the wonderful things
언니들은 놀라운 일들에 기뻐했습니다
the things they obtained from the wrecks of vessels
그들이 난파선에서 얻은 것들
but she cared only for her pretty red flowers
하지만 그녀는 예쁜 빨간 꽃들만 돌봤다
although there was also a beautiful marble statue
아름다운 대리석 동상도 있었지만
It was the representation of a handsome boy
그것은 잘생긴 소년의 모습이었습니다
it had been carved out of pure white stone
그것은 순백의 돌을 깎아 만든 것이었다
and it had fallen to the bottom of the sea from a wreck
그리고 그것은 난파선에서 바다 밑으로 떨어졌습니다
this marble statue of a boy she cared about too
그녀도 아꼈던 소년의 대리석 조각상

She planted, by the statue, a rose-colored weeping willow
그녀는 조각상 옆에 장미색 수양버들 한 그루를 심었다
and soon the willow hung its fresh branches over the statue
그리고 곧 버드나무는 조각상 위에 싱싱한 가지를 매달았다
the branches almost reached down to the blue sands
나뭇가지들은 거의 푸른 모래밭까지 닿을 듯 내려앉았다
The shadows of the tree had the color of violet
나무의 그림자는 보라색을 띠고 있었다

and the shadows waved to and fro like the branches
그림자가 나뭇가지처럼 이리저리 흔들렸다
all of this created the most interesting illusion
이 모든 것이 가장 흥미로운 환상을 만들어냈다
as if the crown of the tree and the roots were playing
마치 나무의 면류관과 뿌리가 놀고 있는 것처럼
it looked as if they were trying to kiss each other
마치 서로 키스를 하려는 것 같았다

her greatest pleasure was hearing about the world above
수녀의 가장 큰 기쁨은 하늘 세상에 대해 듣는 것이었다
the world above the deep sea she lived in
그녀가 살았던 심해 위의 세계
She made her old grandmother tell her all about it
그녀는 늙은 할머니에게 모든 것을 말하게 했습니다
the ships and the towns, the people and the animals
배와 마을, 사람과 동물
up there the flowers of the land had fragrance
저 위에는 땅의 꽃들이 향기를 풍기고 있었다
the flowers below the sea had no fragrance
바다 밑의 꽃에는 향기가 없었다
up there the trees of the forest were green
저 위에는 숲의 나무들이 푸르렀다
and the fishes in the trees could sing beautifully
나무에 있는 물고기들은 아름답게 노래할 수 있었다
up there it was a pleasure to listen to the fish
거기에서 물고기의 소리를 듣는 것은 즐거움이었습니다
her grandmother called the birds fishes
그녀의 할머니는 새들을 물고기라고 불렀습니다
else the little mermaid would not have understood
그렇지 않았다면 인어공주는 이해하지 못했을 것이다
because the little mermaid had never seen birds
인어공주는 새를 본 적이 없었기 때문입니다

her grandmother told her about the rites of mermaids
그녀의 할머니는 그녀에게 인어의 의식에 대해 이야기했습니다
"one day you will reach your fifteenth year"

"언젠가는 열다섯 살이 될 것입니다"
"then you will have permission to go to the surface"
"그러면 지상으로 올라갈 수 있는 허가를 받게 될 것입니다."
"you will be able to sit on the rocks in the moonlight"
"달빛 아래 바위 위에 앉을 수 있을 것입니다"
"and you will see the great ships go sailing by"
"큰 배들이 지나가는 것을 보리라"
"Then you will see forests and towns and the people"
"그러면 숲과 마을과 사람들을 보게 될 것입니다"

the following year one of the sisters would be fifteen
이듬해에 자매들 중 한 명은 15세가 되었다
but each sister was a year younger than the other
그러나 두 자매는 다른 자매보다 한 살 어렸다
the youngest would have to wait five years before her turn
막내는 자기 차례가 오기까지 5년을 기다려야 했다
only then could she rise up from the bottom of the ocean
그런 다음에야 그녀는 바다 밑바닥에서 솟아오를 수 있었다
and only then could she see the earth as we do
그래야만 우리처럼 지구를 볼 수 있었다
However, each of the sisters made each other a promise
그러나 자매들은 각자 서로에게 약속을 했다
they were going to tell the others what they had seen
그들은 자기들이 본 것을 다른 사람들에게 이야기할 작정이었다
Their grandmother could not tell them enough
그들의 할머니는 그들에게 충분히 말할 수 없었다
there were so many things they wanted to know about
그들이 알고 싶어 하는 것들이 너무나 많았다

the youngest sister longed for her turn the most
막내 여동생은 자기 차례를 가장 간절히 바랐다
but, she had to wait longer than all the others
그러나 그녀는 다른 모든 사람들보다 더 오래 기다려야
했습니다
and she was so quiet and thoughtful about the world
그리고 그녀는 세상에 대해 매우 조용하고 사려 깊었습니다
there were many nights where she stood by the open

window
열린 창가에 서 있는 밤이 많았다
and she looked up through the dark blue water
그리고 그녀는 짙푸른 물 속을 올려다보았다
and she watched the fish as they splashed with their fins
그리고 그녀는 물고기들이 지느러미로 첨벙첨벙 튀는 것을 지켜보았다
She could see the moon and stars shining faintly
그녀는 달과 별들이 희미하게 빛나는 것을 볼 수 있었다
but from deep below the water these things look different
그러나 물 속 깊은 곳에서 보면 이러한 것들이 다르게 보입니다
the moon and stars looked larger than they do to our eyes
달과 별들은 우리 눈보다 더 크게 보였다
sometimes, something like a black cloud went past
가끔은 검은 구름 같은 것이 지나가기도 했다
she knew that it could be a whale swimming over her head
그녀는 그것이 그녀의 머리 위를 헤엄치는 고래일 수 있다는 것을 알았다
or it could be a ship, full of human beings
아니면 인간으로 가득 찬 배일 수도 있습니다
human beings who couldn't imagine what was under them
그 밑에 무엇이 있는지 상상할 수 없는 인간들
a pretty little mermaid holding out her white hands
예쁜 인어공주가 하얀 손을 내밀고 있다
a pretty little mermaid reaching towards their ship
배를 향해 손을 뻗는 예쁜 인어공주

the day came when the eldest had her fifteenth birthday
맏이가 열다섯 번째 생일을 맞은 날이 왔다
now she was allowed to rise to the surface of the ocean
이제 그녀는 바다 표면으로 올라올 수 있게 되었다
and that night she swum up to the surface
그리고 그날 밤 그녀는 수면 위로 헤엄쳐 올라왔다
you can imagine all the things she saw up there
그녀가 거기서 본 모든 것을 상상할 수 있습니다
and you can imagine all the things she had to talk about
그리고 당신은 그녀가 이야기해야 했던 모든 것을 상상할 수

있습니다
But the finest thing, she said, was to lie on a sand bank
하지만 가장 좋은 것은 모래 둑에 누워 있는 것이라고 그녀는 말했다
in the quiet moonlit sea, near the shore
조용한 달빛 바다, 해안 근처
from there she had gazed at the lights on the land
거기서 그녀는 땅의 불빛을 바라보았다
they were the lights of the near-by town
그들은 근처 마을의 불빛이었다
the lights had twinkled like hundreds of stars
불빛은 수백 개의 별처럼 반짝였다
she had listened to the sounds of music from the town
그녀는 마을에서 들려오는 음악 소리를 들었다
she had heard noise of carriages drawn by their horses
그녀는 마차가 끄는 마차 소리를 들었다
and she had heard the voices of human beings
그리고 그녀는 인간의 목소리를 들었다
and the had heard merry pealing of the bells
그리고 종소리가 흥겹게 울리는 것을 들었다
the bells ringing in the church steeples
교회 첨탑에서 울리는 종소리
but she could not go near all these wonderful things
그러나 그녀는 이 모든 놀라운 것들에 가까이 갈 수 없었다
so she longed for these wonderful things all the more
그래서 그녀는 이 놀라운 것들을 더욱더 갈망했다

you can imagine how eagerly the youngest sister listened
막내 여동생이 얼마나 열심히 귀를 기울였을지 상상할 수 있을 것입니다
the descriptions of the upper world were like a dream
상류층의 묘사는 꿈 같았다
afterwards she stood at the open window of her room
그 후 그녀는 자기 방의 열린 창문 앞에 섰다
and she looked to the surface, through the dark-blue water
그리고 그녀는 짙푸른 물 사이로 수면을 바라보았다
she thought of the great city her sister had told her of

그녀는 언니가 말해 준 위대한 도시를 떠올렸다
the great city with all its bustle and noise
모든 번잡함과 소음이 있는 위대한 도시
she even fancied she could hear the sound of the bells
그녀는 심지어 종소리를 들을 수 있다고 상상하기까지 했다
she imagined their sound carried to the depths of the sea
그녀는 그들의 소리가 바다 깊은 곳까지 전해지는 것을
상상했다

after another year the second sister had her birthday
또 다른 해가 지나고 둘째 자매는 생일을 맞았다
she too received permission to rise to the surface
그녀 역시 수면 위로 올라와도 좋다는 허락을 받았다
and from there she could swim about where she pleased
그리고 거기서부터 자기가 원하는 곳을 헤엄쳐 다닐 수 있었다
She had gone to the surface just as the sun was setting
그녀는 해가 질 무렵 수면 위로 올라왔다
this, she said, was the most beautiful sight of all
그녀는 이것이 가장 아름다운 광경이었다고 말했다
The whole sky looked like a disk of pure gold
온 하늘이 순금으로 된 원반처럼 보였다
and there were violet and rose-colored clouds
보랏빛과 장미빛 구름이 있었다
they were too beautiful to describe, she said
말로 표현할 수 없을 정도로 아름다웠다고 그녀는 말했다
and she said how the clouds drifted across the sky
그리고 그녀는 구름이 하늘을 가로질러 떠다니는 방법을
말했습니다
and something had flown by more swiftly than the clouds
무언가가 구름보다 더 빠르게 지나갔다
a large flock of wild swans flew toward the setting sun
큰 무리의 야생 백조들이 석양을 향해 날아갔다
the swans had been like a long white veil across the sea
백조는 바다를 가로지르는 길고 하얀 베일 같았다
She had also tried to swim towards the sun
그녀는 또한 태양을 향해 헤엄쳐 가려고 노력했다
but some distance away the sun sank into the waves

그러나 조금 떨어진 곳에서 태양이 파도 속으로 가라앉았다
she saw how the rosy tints faded from the clouds
그녀는 장밋빛 빛깔이 구름 사이로 희미해지는 것을 보았다
and she saw how the colour had also faded from the sea
그리고 그녀는 바다에서도 색이 바래는 것을 보았다

the next year it was the third sister's turn
이듬해에는 셋째 자매의 차례가 되었다
this sister was the boldest of all the sisters
이 자매는 모든 자매들 중에서 가장 대담한 사람이었다
she swam up a broad river that emptied into the sea
그녀는 바다로 흘러 들어가는 넓은 강을 헤엄쳐 올라갔다
On the banks of the river she saw green hills
강둑에서 그녀는 푸른 언덕을 보았다
the green hills were covered with beautiful vines
푸른 언덕은 아름다운 덩굴로 뒤덮여 있었다
and on the hills there were forests of trees
언덕 위에는 나무 숲이 있었다
and out of the forests palaces and castles poked out
숲 속에서 궁전과 성들이 튀어나왔다
She had heard birds singing in the trees
그녀는 나무에서 새들이 지저귀는 소리를 들었다
and she had felt the rays of the sun on her skin
그리고 그녀는 피부에 닿는 태양 광선을 느꼈다
the rays were so strong that she had to dive back
광선이 너무 강해서 그녀는 뒤로 물러서야 했습니다
and she cooled her burning face in the cool water
그리고 그녀는 시원한 물에 화끈거리는 얼굴을 식혔다
In a narrow creek she found a group of little children
좁은 개울에서 그녀는 한 무리의 어린아이들을 발견했다
they were the first human children she had ever seen
그들은 그녀가 본 최초의 인간 아이들이었다
She wanted to play with the children too
아이들과도 놀고 싶었다
but the children fled from her in a great fright
그러나 아이들은 몹시 무서워서 그 여자에게서 도망쳤다
and then a little black animal came to the water

그러자 작은 검은 동물이 물속으로 들어왔어요
it was a dog, but she did not know it was a dog
그것은 개였지만 그녀는 그것이 개라는 것을 몰랐다
because she had never seen a dog before
그녀는 전에 개를 본 적이 없었기 때문입니다
and the dog barked at the mermaid furiously
그러자 개는 인어를 향해 맹렬히 짖었다
she became frightened and rushed back to the open sea
그녀는 겁에 질려 망망대해로 달려갔다
But she said she should never forget the beautiful forest
하지만 그녀는 아름다운 숲을 절대 잊지 말아야 한다고 말했다
the green hills and the pretty children
푸른 언덕과 예쁜 아이들
she found it exceptionally funny how they swam
그녀는 그들이 수영하는 방식이 유난히 재미있다는 것을 알았습니다
because the little human children didn't have tails
왜냐하면, 어린아이들은 꼬리가 없었기 때문입니다
so with their little legs they kicked the water
그래서 그들은 작은 다리로 물을 찼습니다

The fourth sister was more timid than the last
넷째 언니는 마지막 언니보다 더 소심했다
She had decided to stay in the midst of the sea
그녀는 바다 한가운데에 머물기로 결정했다
but she said it was as beautiful there as nearer the land
그러나 그녀는 그곳이 육지에 가까운 것만큼이나 아름답다고 말했다
from the surface she could see many miles around her
수면 위에서는 주위가 수 킬로미터 떨어진 곳까지 볼 수 있었다
the sky above her looked like a bell of glass
머리 위의 하늘은 마치 유리의 종처럼 보였다
and she had seen the ships sail by
그녀는 배들이 지나가는 것을 보았다
but they were at a very great distance from her
그러나 그들은 그녀로부터 아주 멀리 떨어져 있었다
and, with their sails, they looked like sea gulls

그리고 돛을 달고 있는 그들은 갈매기처럼 보였다
she saw how the dolphins played in the waves
그녀는 돌고래가 파도에서 어떻게 놀았는지 보았습니다
and great whales spouted water from their nostrils
큰 고래들이 콧구멍에서 물을 뿜어냈다
like a hundred fountains all playing together
마치 100개의 분수대가 함께 노는 것처럼

The fifth sister's birthday occurred in the winter
다섯째 여동생의 생일은 겨울이었다
so she saw things that the others had not seen
그래서 그녀는 다른 사람들이 못한 것들을 보았습니다
at this time of the year the sea looked green
이맘때쯤이면 바다가 푸르게 보였다
large icebergs were floating on the green water
커다란 빙산이 푸른 물 위에 떠 있었다
and each iceberg looked like a pearl, she said
빙산 하나하나가 진주처럼 보였다고 그녀는 말했다
but they were larger and loftier than the churches
그러나 그들은 교회들보다 더 크고 높았다
and they were of the most interesting shapes
그리고 그것들은 가장 흥미로운 모양이었습니다
and each iceberg glittered like diamonds
빙산 하나하나가 다이아몬드처럼 반짝였다
She had seated herself on one of the icebergs
그녀는 빙산 중 하나에 앉아 있었다
and she let the wind play with her long hair
그리고 그녀는 그녀의 긴 머리를 바람에 맡기고
She noticed something interesting about the ships
그녀는 배에서 흥미로운 점을 발견했다
all the ships sailed past the icebergs very rapidly
모든 배는 빙산을 매우 빠르게 지나갔습니다
and they steered away as far as they could
그들은 할 수 있는 데까지 방향을 틀어 달아났다
it was as if they were afraid of the iceberg
마치 빙산을 두려워하는 것 같았다
she stayed out at sea into the evening

그녀는 저녁까지 바다에 머물렀다
the sun went down and dark clouds covered the sky
해가 지고 먹구름이 하늘을 뒤덮었다
the thunder rolled across the ocean of icebergs
천둥이 빙산의 바다를 가로질러 굴러갔다
and the flashes of lightning glowed red on the icebergs
그리고 번갯불이 빙산을 붉게 빛냈다
and they were tossed about by the heaving sea
그들은 출렁이는 바다에 이리저리 떠밀려 다녔다
all the ships the sails were trembling with fear
모든 배와 돛이 두려움으로 떨고 있었다
and the mermaid sat calmly on the floating iceberg
그리고 인어는 떠다니는 빙산 위에 얌전히 앉아 있었다
she watched the lightning strike into the sea
그녀는 번개가 바다로 떨어지는 것을 보았다

All of her five older sisters had grown up now
다섯 명의 언니들은 모두 다 컸다
therefore they could go to the surface when they pleased
그러므로 그들은 그들이 원할 때 표면으로 올라갈 수 있었다
at first they were delighted with the surface world
처음에 그들은 지상 세계에 기뻐했다
they couldn't get enough of the new and beautiful sights
그들은 새롭고 아름다운 광경을 충분히 볼 수 없었습니다
but eventually they all grew indifferent towards it
그러나 결국 그들 모두는 그것에 대해 무관심해졌다
and after a month they didn't visit much at all anymore
그리고 한 달이 지나자 그들은 더 이상 많이 방문하지 않았습니다
they told their sister it was much more beautiful at home
그들은 여동생에게 집이 훨씬 더 아름답다고 말했습니다

Yet often, in the evening hours, they did go up
그러나 종종 저녁 시간에는 그들이 올라갔다
the five sisters twined their arms about each other
다섯 자매는 서로 팔짱을 끼었다
and together, arm in arm, they rose to the surface
그리고 그들은 함께 팔짱을 끼고 수면 위로 떠올랐다

often they went up when there was a storm approaching
그들은 종종 폭풍이 다가오면 올라갔다
they feared that the storm might win a ship
그들은 폭풍이 배를 잃게 될까 봐 두려워했다
so they swam to the vessel and sung to the sailors
그래서 그들은 배로 헤엄쳐 가서 선원들에게 노래를 불렀습니다
Their voices were more charming than that of any human
그들의 목소리는 그 어떤 사람의 목소리보다 매력적이었다
and they begged the voyagers not to fear if they sank
그리고 그들은 항해자들에게 그들이 가라앉는다 해도 두려워하지 말라고 간청했다
because the depths of the sea was full of delights
바다의 깊은 곳이 즐거움으로 가득 차 있었기 때문입니다
But the sailors could not understand their songs
그러나 선원들은 그들의 노래를 알아들을 수 없었다
and they thought their singing was the sighing of the storm
그들은 자기들의 노래가 폭풍의 한숨 소리라고 생각하였다
therefore their songs were never beautiful to the sailors
그러므로 그들의 노래는 선원들에게 결코 아름답지 않았다
because if the ship sank the men would drown
배가 가라앉으면 사람들이 익사할 것이기 때문입니다
the dead gained nothing from the palace of the Sea King
죽은 자는 바다왕의 궁전에서 아무것도 얻지 못했다
but their youngest sister was left at the bottom of the sea
그러나 막내 여동생은 바다 밑바닥에 버려졌습니다
looking up at them, she was ready to cry
그들을 올려다보며 그녀는 금방이라도 울 것 같았다
you should know mermaids have no tears that they can cry
인어는 울 수 있는 눈물이 없다는 것을 알아야 합니다
so her pain and suffering was more acute than ours
그래서 그녀의 아픔과 괴로움은 우리보다 더 심했습니다
"Oh, I wish I was also fifteen years old!" said she
"아, 나도 열다섯 살이었으면 좋았을 텐데!" 그녀가 말했다
"I know that I shall love the world up there"
"나는 저 위에 있는 세상을 사랑하리라는 것을 안다"
"and I shall love all the people who live in that world"
"나는 그 세상에 사는 모든 사람을 사랑하리라"

but, at last, she too reached her fifteenth year
그러나 마침내 그녀도 15세가 되었다
"Well, now you are grown up," said her grandmother
"자, 이제 다 컸구나." 할머니가 말씀하셨어요
"Come, and let me adorn you like your sisters"
"와서 내가 너를 네 자매들처럼 단장하게 해 주마"
And she placed a wreath of white lilies in her hair
그리고 흰 백합으로 만든 화환을 머리에 꽂았다
every petal of the lilies was half a pearl
백합의 꽃잎 하나하나가 진주 반 개였다
Then, the old lady ordered eight great oysters to come
그러자 노부인은 큰 굴 여덟 개를 주문했다
the oysters attached themselves to the tail of the princess
굴은 공주의 꼬리에 달라 붙었다
under the sea oysters are used to show your rank
바다 밑 굴은 순위를 표시하는 데 사용됩니다.
"But they hurt me so," said the little mermaid
"하지만 그들은 나를 너무 아프게 했어." 인어공주가 말했어요
"Yes, I know oysters hurt," replied the old lady
"네, 굴이 아픈 건 알아요." 노부인이 대답했다
"but you know very well that pride must suffer pain"
"그러나 교만은 고통을 겪어야 한다는 것을 잘 알고 있습니다"
how gladly she would have shaken off all this grandeur
이 모든 웅장함을 떨쳐 버리고 얼마나 기쁜 마음으로 떨쳐 버렸겠는가
she would have loved to lay aside the heavy wreath!
그녀는 무거운 화환을 내려놓는 것을 좋아했을 것입니다!
she thought of the red flowers in her own garden
그녀는 자신의 정원에 있는 빨간 꽃들을 생각했다
the red flowers would have suited her much better
붉은 꽃이 그녀에게 훨씬 더 잘 어울렸을 것입니다
But she could not change herself into something else
그러나 그녀는 자신을 다른 사람으로 바꿀 수 없었다
so she said farewell to her grandmother and sisters
그래서 그녀는 할머니와 언니들에게 작별 인사를 했다
and, as lightly as a bubble, she rose to the surface
그리고 그녀는 거품처럼 가볍게 수면 위로 떠올랐다

The sun had just set when she raised her head above the waves
그녀가 파도 위로 고개를 들었을 때 해가 막 지고 있었다
The clouds were tinted with crimson and gold from the sunset
구름은 석양으로 인해 진홍색과 금색으로 물들었습니다
and through the glimmering twilight beamed the evening star
희미한 황혼 사이로 저녁별이 빛났다
The sea was calm, and the sea air was mild and fresh
바다는 잔잔했고 바다 공기는 온화하고 신선했습니다
A large ship with three masts lay becalmed on the water
돛대가 세 개 달린 큰 배가 물 위에 가라앉아 있었다
only one sail was set, for not a breeze stirred
단 하나의 돛만 놓았는데, 바람이 불지 않았기 때문이다
and the sailors sat idle on deck, or amidst the rigging
선원들은 갑판이나 장비 사이에 한가롭게 앉아 있었다
There was music and song on board of the ship
배 안에는 음악과 노래가 있었다
as darkness came a hundred colored lanterns were lighted
어둠이 깔리자 백 개의 색깔 있는 등불이 켜졌다
it was as if the flags of all nations waved in the air
마치 모든 나라의 국기가 공중에서 흔들리는 것 같았다

The little mermaid swam close to the cabin windows
인어공주는 오두막 창문 가까이로 헤엄쳐 갔어요
now and then the waves of the sea lifted her up
이따금 바다의 파도가 그녀를 들어 올렸다
she could look in through the glass window-panes
그녀는 유리창 너머로 안을 들여다볼 수 있었다
and she could see a number of curiously dressed people
그리고 그녀는 호기심 많은 옷을 입은 사람들을 볼 수 있었다
Among the people she could see there was a young prince
그녀가 볼 수 있는 사람들 중에는 어린 왕자가 있었다
the prince was the most beautiful of them all
왕자는 그들 중 가장 아름다웠다
she had never seen anyone with such beautiful eyes

그녀는 그렇게 아름다운 눈을 가진 사람을 본 적이 없었다
it was the celebration of his sixteenth birthday
그의 열여섯 번째 생일을 축하하는 날이었다
The sailors were dancing on the deck of the ship
선원들은 배의 갑판에서 춤을 추고 있었다
all cheered when the prince came out of the cabin
왕자가 오두막에서 나왔을 때 모두가 환호했다
and more than a hundred rockets rose into the air
그리고 100발이 넘는 로켓이 하늘로 솟아올랐다
for some time the fireworks made the sky as bright as day
불꽃놀이는 한동안 하늘을 대낮처럼 밝게 물들였습니다
of course our young mermaid had never seen fireworks before
물론 우리의 어린 인어는 불꽃놀이를 본 적이 없었습니다
startled by all the noise, she dived back under water
그 모든 소음에 깜짝 놀란 그녀는 다시 물속으로 뛰어들었다
but soon she again stretched out her head
그러나 곧 그녀는 다시 머리를 뻗었다
it was as if all the stars of heaven were falling around her
마치 하늘의 모든 별이 그녀 주위로 떨어지는 것 같았다
splendid fireflies flew up into the blue air
화려한 반딧불이가 푸른 하늘로 날아올랐다
and everything was reflected in the clear, calm sea
모든 것이 맑고 잔잔한 바다에 비쳤다
The ship itself was brightly illuminated by all the light
배 자체는 모든 빛에 의해 밝게 빛나고 있었다
she could see all the people and even the smallest rope
그녀는 모든 사람들을 볼 수 있었고 심지어 가장 작은 밧줄까지 볼 수 있었다
How handsome the young prince looked thanking his guests!
어린 왕자가 손님들에게 감사를 표하는 모습이 얼마나 잘 생겼던가!
and the music resounded through the clear night air!
맑은 밤공기를 가르며 음악이 울려 퍼졌습니다!

the birthday celebrations lasted late into the night
생일 축하 행사는 밤늦게까지 계속되었습니다
but the little mermaid could not take her eyes from the ship
하지만 인어공주는 배에서 눈을 뗄 수 없었어요
nor could she take her eyes from the beautiful prince
아름다운 왕자에게서 눈을 뗄 수도 없었다
The colored lanterns had now been extinguished
색색의 등불은 이제 꺼져 있었다
and there were no more rockets that rose into the air
그리고 더 이상 공중으로 솟아오른 로켓은 없었다
the cannon of the ship had also ceased firing
배의 대포도 발사를 멈췄다
but now it was the sea that became restless
그러나 이제 불안해진 것은 바다였다
a moaning, grumbling sound could be heard beneath the waves
파도 밑에서 신음하는 소리가 들렸다
and yet, the little mermaid remained by the cabin window
그런데도 인어공주는 오두막 창가에 남아 있었다
she was rocking up and down on the water
그녀는 물 위에서 위아래로 흔들리고 있었다
so that she could keep looking into the ship
그녀가 배를 계속 들여다볼 수 있도록
After a while the sails were quickly set
잠시 후 돛이 빠르게 설정되었습니다
and the ship went on her way back to port
그리고 배는 항구로 돌아갔다

But soon the waves rose higher and higher
그러나 곧 파도는 점점 더 높아졌다
dark, heavy clouds darkened the night sky
어둡고 짙은 구름이 밤하늘을 어둡게 했다
and there appeared flashes of lightning in the distance
멀리서 번갯불이 번쩍였다
not far away a dreadful storm was approaching
그리 멀지 않은 곳에서 무시무시한 폭풍이 다가오고 있었다
Once more the sails were lowered against the wind

다시 한 번 돛이 바람을 거슬러 내려졌다
and the great ship pursued her course over the raging sea
그러자 큰 배는 성난 바다를 건너며 항로를 쫓았다
The waves rose as high as the mountains
파도는 산처럼 높이 솟아올랐다
one would have thought the waves would have had the ship
누군가는 파도가 배를 가졌을 것이라고 생각했을 것입니다
but the ship dived like a swan between the waves
그러나 배는 파도 사이로 백조처럼 잠수했다
then she rose again on their lofty, foaming crests
그러고는 거품이 일고 있는 높은 볏 위로 다시 일어섰다
To the little mermaid this was pleasant sport
인어공주에게 이것은 즐거운 스포츠였습니다
but it was not pleasant sport to the sailors
그러나 그것은 선원들에게 유쾌한 스포츠가 아니었다
the ship made awful groaning and creaking sounds
배는 끔찍한 신음과 삐걱거리는 소리를 냈다
and the waves broke over the deck again and again
파도가 갑판 위로 거듭 부서졌다
the thick planks gave way under the lashing of the sea
두꺼운 널빤지가 바다의 채찍에 무너져 내렸다
under the pressure the mainmast snapped asunder, like a reed
압력에 주돛대는 갈대처럼 산산조각이 났다
and, as the ship lay over on her side, the water rushed in
배가 옆으로 눕자 물이 밀려들었다

The little mermaid realized that the crew were in danger
인어공주는 선원들이 위험에 처해 있다는 것을 깨달았습니다
her own situation wasn't without danger either
그녀 자신의 상황도 위험하지 않은 것은 아니었다
she had to avoid the beams and planks scattered in the water
그녀는 물 속에 흩어져 있는 들보와 널빤지를 피해야 했다
for a moment everything turned into complete darkness
순간 모든 것이 완전한 어둠으로 변했다
and the little mermaid could not see where she was
인어공주는 그녀가 어디에 있는지 볼 수 없었습니다

but then a flash of lightning revealed the whole scene
그런데 그때 번갯불이 번쩍이면서 모든 광경이 드러났다
she could see everyone was still on board of the ship
그녀는 모두가 아직 배에 타고 있는 것을 볼 수 있었다
well, everyone was on board of the ship, except the prince
왕자를 제외하고는 모두가 배에 타고 있었습니다
the ship continued on its path to the land
배는 육지로 향하는 길을 계속 달렸다
and she saw the prince sink into the deep waves
그리고 그녀는 왕자가 깊은 파도 속으로 가라앉는 것을 보았다
for a moment this made her happier than it should have
잠시나마 그 말은 그녀를 생각보다 행복하게 만들었다
now that he was in the sea she could be with him
이제 그가 바다에 있었으니 그녀는 그와 함께 있을 수 있었다
Then she remembered the limits of human beings
그때 그녀는 인간의 한계를 떠올렸다
the people of the land cannot live in the water
땅의 사람들은 물 속에서 살 수 없다
if he got to the palace he would already be dead
그가 궁전에 도착했다면 그는 이미 죽었을 것입니다
"No, he must not die!" she decided
"안 돼, 죽어서는 안 돼!" 그녀는 결심했다
she forget any concern for her own safety
그녀는 자신의 안전에 대한 걱정을 잊었다
and she swam through the beams and planks
그리고 그녀는 들보와 널빤지 사이를 헤엄쳐 나갔다
two beams could easily crush her to pieces
두 개의 광선은 그녀를 쉽게 산산조각낼 수 있었다
she dove deep under the dark waters
그녀는 어두운 물 속으로 깊이 잠수했다
everything rose and fell with the waves
모든 것이 파도와 함께 오르락내리락했다
finally, she managed to reach the young prince
마침내 그녀는 어린 왕자에게 다가갈 수 있었습니다
he was fast losing the power to swim in the stormy sea
그는 폭풍우가 몰아치는 바다에서 헤엄칠 수 있는 힘을 빠르게 잃어가고 있었다

His limbs were starting to fail him
팔다리에 힘이 빠지기 시작했다
and his beautiful eyes were closed
그리고 그의 아름다운 눈은 감겨 있었다
he would have died had the little mermaid not come
인어공주가 오지 않았다면 그는 죽었을 것입니다
She held his head above the water
그녀는 그의 머리를 물 위로 들어 올렸다
and let the waves carry them where they wanted
파도가 그들을 원하는 곳으로 데려가게 하십시오

In the morning the storm had ceased
아침이 되자 폭풍은 그쳤다
but of the ship not a single fragment could be seen
그러나 배의 파편은 하나도 보이지 않았다
The sun came up, red and shining, out of the water
태양이 빨갛게 빛나며 물 밖으로 떠올랐다
the sun's beams had a healing effect on the prince
태양 광선은 왕자를 치유하는 효과가 있었다
the hue of health returned to the prince's cheeks
왕자의 뺨에 건강이 돌아왔다
but despite the sun, his eyes remained closed
그러나 태양에도 불구하고 그의 눈은 감겨 있었다
The mermaid kissed his high, smooth forehead
인어는 그의 높고 매끄러운 이마에 입을 맞췄다
and she stroked back his wet hair
그리고 그녀는 그의 젖은 머리카락을 쓰다듬었다
He seemed to her like the marble statue in her garden
그는 그녀에게 정원에 있는 대리석 조각상처럼 보였다
so she kissed him again, and wished that he lived
그래서 그녀는 그에게 다시 키스했고, 그가 살아 있기를 바랐다

Presently, they came in sight of land
이윽고 그들은 육지가 보이는 곳에 이르렀다
and she saw lofty blue mountains on the horizon
그리고 그녀는 지평선에 우뚝 솟은 푸른 산을 보았다
on top of the mountains the white snow rested

산 꼭대기에는 흰 눈이 내려 앉았습니다
as if a flock of swans were lying upon them
마치 백조 떼가 그들 위에 누워 있는 것처럼
Beautiful green forests were near the shore
아름다운 푸른 숲이 해안 근처에있었습니다
and close by there stood a large building
그리고 그 근처에는 큰 건물이 서 있었다
it could have been a church or a convent
교회나 수녀원이었을 수도 있습니다
but she was still too far away to be sure
하지만 확신하기에는 아직 너무 멀었다
Orange and citron trees grew in the garden
정원에는 오렌지 나무와 유자 나무가 자랐습니다
and before the door stood lofty palms
문 앞에는 높은 종려나무가 서 있었다
The sea here formed a little bay
이곳의 바다는 작은 만을 형성했습니다
in the bay the water lay quiet and still
만에서 물은 조용하고 고요했습니다
but although the water was still, it was very deep
그러나 물은 잔잔했지만 매우 깊었습니다
She swam with the handsome prince to the beach
그녀는 잘생긴 왕자와 함께 해변으로 헤엄쳐 갔어요
the beach was covered with fine white sand
해변은 고운 백사장으로 덮여 있었다
and there she laid him in the warm sunshine
그리고 따뜻한 햇볕 아래 그를 눕혔다
she took care to raise his head higher than his body
그녀는 그의 머리를 몸보다 더 높이 들어 올리는 데 신경을 썼다
Then bells sounded in the large white building
그때 커다란 흰색 건물에 종이 울렸다
some young girls came into the garden
몇몇 어린 소녀들이 정원으로 들어왔다
The little mermaid swam out farther from the shore
인어공주는 해안에서 더 멀리 헤엄쳐 나왔어요
she hid herself among some high rocks in the water
그녀는 물 속의 높은 바위 사이에 몸을 숨겼다

she Covered her head and neck with the foam of the sea
그녀는 바다의 거품으로 머리와 목을 덮었다
and she watched to see what would become of the poor prince
그리고 그녀는 그 불쌍한 왕자가 어떻게 될지 지켜보았다

It was not long before she saw a young girl approach
얼마 지나지 않아 그녀는 어린 소녀가 다가오는 것을 보았다
the young girl seemed frightened, at first
어린 소녀는 처음에는 겁에 질린 것 같았다
but her fear only lasted for a moment
하지만 그녀의 두려움은 잠시뿐이었다
then she brought over a number of people
그런 다음 그녀는 많은 사람들을 데리고 왔습니다
and the mermaid saw that the prince came to life again
그리고 인어는 왕자가 다시 살아나는 것을 보았습니다
he smiled upon those who stood around him
그는 주위에 서 있는 사람들에게 미소를 지었다
But to the little mermaid the prince sent no smile
그러나 인어공주에게 왕자는 미소를 보내지 않았다
he knew not that she had saved him
그는 그녀가 자기를 구했다는 것을 알지 못했다
This made the little mermaid very sorrowful
이것은 인어공주를 매우 슬프게 만들었습니다
and then he was led away into the great building
그러고 나서 그는 큰 건물로 끌려갔다
and the little mermaid dived down into the water
그리고 인어공주는 물속으로 뛰어들었습니다
and she returned to her father's castle
그리고 그녀는 아버지의 성으로 돌아갔다

She had always been the most silent and thoughtful
수녀는 언제나 가장 조용하고 사려 깊은 사람이었다
and now she was more silent and thoughtful than ever
이제 그녀는 그 어느 때보다도 더 조용하고 사려 깊었다
Her sisters asked her what she had seen on her first visit
언니들은 처음 방문했을 때 무엇을 보았느냐고 물었다

but she could tell them nothing of what she had seen
그러나 그녀는 자기가 본 것에 대해 아무 말도 할 수 없었다
Many an evening and morning she returned to the surface
여러 날 저녁과 아침에 그녀는 수면으로 돌아왔다
and she went to the place where she had left the prince
그리고 그 여자는 왕자를 두고 온 곳으로 갔다
She saw the fruits in the garden ripen
그녀는 정원의 과일이 익어가는 것을 보았습니다
and she watched the fruits gathered from their trees
그리고 그 나무에서 열매를 거두는 것을 지켜보았다
she watched the snow on the mountain tops melt away
그녀는 산 정상에 쌓인 눈이 녹아 사라지는 것을 지켜보았다
but on none of her visits did she see the prince again
그러나 그녀가 방문했을 때 그녀는 왕자를 다시 못했다
and therefore she always returned more sorrowful than before
그래서 그녀는 항상 전보다 더 슬픈 마음으로 돌아왔다

her only comfort was sitting in her own little garden
수녀의 유일한 위안은 자신의 작은 정원에 앉아 있는 것이었다
she flung her arms around the beautiful marble statue
그녀는 아름다운 대리석 조각상을 두 팔로 감싸 안았다
the statue which looked just like the prince
왕자와 똑같이 생긴 동상
She had given up tending to her flowers
그녀는 꽃을 가꾸는 것을 포기했다
and her garden grew in wild confusion
그녀의 정원은 혼란에 휩싸였다
they twinied their long leaves and stems round the trees
그들은 긴 잎과 줄기를 나무 둘레에 꼬았다
so that the whole garden became dark and gloomy
그리하여 온 동산이 어둡고 어두워졌다

eventually she could bear it no longer
결국 그녀는 더 이상 참을 수 없었다
and she told one of her sisters all about it
그리고 그녀는 그녀의 자매 중 한 명에게 그 모든 것을

이야기했습니다
soon the other sisters heard the secret
얼마 지나지 않아 다른 자매들도 그 비밀을 듣게 되었습니다
and very soon her secret became known to several maids
그리고 얼마 지나지 않아 그녀의 비밀이 여러 하녀들에게 알려지게 되었다
one of the maids had a friend who knew about the prince
하녀 중 한 명은 왕자에 대해 아는 친구가 있었습니다
She had also seen the festival on board the ship
그녀는 또한 배 안에서 축제를 본 적이 있었다
and she told them where the prince came from
그리고 그녀는 왕자가 어디서 왔는지 그들에게 말했다
and she told them where his palace stood
그리고 그녀는 그들에게 그의 궁전이 어디에 있는지 말해주었다

"Come, little sister," said the other princesses
"이리 와, 여동생." 다른 공주들이 말했어요
they entwined their arms and rose up together
그들은 팔짱을 끼고 함께 일어섰다
they went near to where the prince's palace stood
그들은 왕자의 궁전이 있는 곳으로 가까이 갔다
the palace was built of bright-yellow, shining stone
궁전은 밝은 노란색의 빛나는 돌로 지어졌습니다
and the palace had long flights of marble steps
그리고 궁전에는 대리석 계단이 길게 뻗어 있었습니다
one of the flights of steps reached down to the sea
계단 중 하나가 바다로 내려갔습니다
Splendid gilded cupolas rose over the roof
화려한 금박을 입힌 둥근 지붕이 지붕 위로 솟아 올랐습니다
the whole building was surrounded by pillars
건물 전체가 기둥으로 둘러싸여 있었다
and between the pillars stood lifelike statues of marble
그리고 기둥 사이에는 실물 같은 대리석 조각상이 서 있었다
they could see through the clear crystal of the windows
그들은 창문의 맑은 수정을 통해 볼 수 있었다
and they could look into the noble rooms

그리고 그들은 고귀한 방을 들여다 볼 수 있었다
costly silk curtains and tapestries hung from the ceiling
값비싼 비단 커튼과 태피스트리가 천장에 매달려 있었다
and the walls were covered with beautiful paintings
그리고 벽은 아름다운 그림으로 덮여 있었다
In the centre of the largest salon was a fountain
가장 큰 살롱의 중앙에는 분수가 있었습니다
the fountain threw its sparkling jets high up
분수가 반짝이는 분출을 높이 내뿜었다
the water splashed onto the glass cupola of the ceiling
물이 천장의 유리 큐폴라에 튀었습니다
and the sun shone in through the water
태양이 물 사이로 비쳤다
and the water splashed on the plants around the fountain
그리고 분수 주변의 식물에 물이 튀었습니다

Now the little mermaid knew where the prince lived
이제 인어공주는 왕자가 어디에 사는지 알았어요
so she spent many a night on those waters
그래서 그녀는 그 물에서 많은 밤을 보냈다
she got more courageous than her sisters had been
그녀는 언니들보다 더 용감해졌다
and she swam much nearer the shore than they had
그리고 그 여자는 그들보다 훨씬 더 가까이 물가로 헤엄쳐 갔다
once she went up the narrow channel, under the marble balcony
한 번은 대리석 발코니 아래의 좁은 수로를 따라 올라갔다
the balcony threw a broad shadow on the water
발코니는 물 위에 넓은 그림자를 드리웠다
Here she sat and watched the young prince
그녀는 여기 앉아서 어린 왕자를 지켜보았다
he, of course, thought he was alone in the bright moonlight
물론 그는 밝은 달빛 아래 혼자 있다고 생각했다

She often saw him evenings, sailing in a beautiful boat
그녀는 저녁에 그가 아름다운 배를 타고 항해하는 것을 자주 보았다

music sounded from the boat and the flags waved
배에서 음악이 울려 퍼지고 깃발이 흔들렸다
She peeped out from among the green rushes
그녀는 초록빛 숲 사이로 밖을 내다보았다
at times the wind caught her long silvery-white veil
이따금 바람이 그녀의 긴 은백색 베일에 걸렸다
those who saw it believed it to be a swan
그것을 본 사람들은 그것이 백조라고 믿었습니다
it had all the appearance of a swan spreading its wings
마치 백조가 날개를 펼치는 모습이었다

Many a night, too, she watched the fishermen set their nets
또한 여러 날 밤, 그녀는 어부들이 그물을 설치하는 것을
지켜보았다
they cast their nets in the light of their torches
그들은 횃불의 빛에 그물을 던졌다
and she heard them tell many good things about the prince
그리고 그녀는 그들이 왕자에 대해 좋은 말을 많이 하는 것을
들었다
this made her glad that she had saved his life
그러자 그 여자는 자기가 남편의 목숨을 구한 것을
기뻐하였습니다
when he was tossed around half dead on the waves
그가 파도에 반쯤 죽었을 때
She remembered how his head had rested on her bosom
그녀는 그의 머리가 그녀의 가슴에 얹혀 있던 것을 기억했다
and she remembered how heartily she had kissed him
그리고 그녀는 자기가 그에게 얼마나 진심 어린 키스를
했는지를 기억했다
but he knew nothing of all that had happened
그러나 그는 무슨 일이 일어났는지 전혀 알지 못했다
the young prince could not even dream of the little mermaid
어린 왕자는 인어공주를 꿈꿀 수조차 없었습니다

She grew to like human beings more and more
그녀는 점점 더 인간을 좋아하게 되었다
she wished more and more to be able to wander their world

그녀는 점점 더 그들의 세계를 돌아다닐 수 있기를 바랐다
their world seemed to be so much larger than her own
그들의 세계는 그녀의 세계보다 훨씬 더 넓어 보였다
They could fly over the sea in ships
그들은 배를 타고 바다 위를 날아다닐 수 있었습니다
and they could mount the high hills far above the clouds
그들은 구름 위보다 훨씬 높은 언덕에 오를 수 있었다
in their lands they possessed woods and fields
그들의 땅에는 숲과 밭이 있었다
the greenery stretched beyond the reach of her sight
초록은 그녀의 시야가 닿을 수 없을 정도로 뻗어 있었다
There was so much that she wished to know!
알고 싶은 것이 너무나 많았습니다!
but her sisters were unable to answer all her questions
그러나 언니들은 그녀의 모든 질문에 대답할 수 없었다
She then went to her old grandmother for answers
그런 다음 그녀는 할머니를 찾아가 답을 구했다
her grandmother knew all about the upper world
그녀의 할머니는 상류층에 대해 모든 것을 알고 있었다
she rightly called this world "the lands above the sea"
마리아는 당연히 이 세상을 "바다 위의 땅"이라고 불렀습니다

"If human beings are not drowned, can they live forever?"
"인간이 물에 빠지지 않는다면 영원히 살 수 있을까?"
"Do they never die, as we do here in the sea?"
"그들은 우리가 여기 바다에서 죽는 것처럼 절대 죽지 않나요?"
"Yes, they die too" replied the old lady
"네, 그들도 죽습니다." 노부인이 대답했다
"like us, they must also die," added her grandmother
"그들도 우리처럼 죽어야 해." 할머니가 덧붙였다
"and their lives are even shorter than ours"
"그들의 생명은 우리보다 더 짧다"
"We sometimes live for three hundred years"
"우리는 때때로 300년을 산다"
"but when we cease to exist here we become foam"
"그러나 우리가 여기서 더 이상 존재하지 않을 때, 우리는 거품이 된다"

"and we float on the surface of the water"
"그리고 우리는 수면 위에 떠 있다"
"we do not have graves for those we love"
"우리에게는 우리가 사랑하는 사람들을 위한 무덤이 없습니다"
"and we have not immortal souls"
"우리에게는 불멸의 영혼이 없느니라"
"after we die we shall never live again"
"우리가 죽은 후에 다시는 살지 못할 것입니다"
"like the green seaweed, once it has been cut off"
"푸른 해초처럼, 한 번 잘려나간 것처럼"
"after we die, we can never flourish more"
"우리가 죽은 후에는 결코 더 번성할 수 없다"
"Human beings, on the contrary, have souls"
"인간은 반대로 영혼을 가지고 있다"
"even after they're dead their souls live forever"
"죽은 후에도 그 영혼은 영원히 산다"
"when we die our bodies turn to foam"
"우리가 죽으면 우리의 몸은 거품으로 변한다"
"when they die their bodies turn to dust"
"그들이 죽으면 그 몸은 흙으로 변한다"
"when we die we rise through the clear, blue water"
"우리가 죽을 때 우리는 맑고 푸른 물을 뚫고 일어납니다"
"when they die they rise up through the clear, pure air"
"그들은 죽을 때 맑고 깨끗한 공기를 뚫고 일어납니다"
"when we die we float no further than the surface"
"우리가 죽을 때 우리는 수면 위로 떠오르지 않는다"
"but when they die they go beyond the glittering stars"
"그러나 그들이 죽을 때, 그들은 반짝이는 별들 너머로 간다"
"we rise out of the water to the surface"
"우리는 물에서 수면 위로 올라온다"
"and we behold all the land of the earth"
"우리가 땅의 온 땅을 보노라"
"they rise to unknown and glorious regions"
"그들은 알려지지 않은 영광스러운 지역으로 일어납니다"
"glorious and unknown regions which we shall never see"
"우리가 결코 볼 수 없는 영광스럽고 알려지지 않은 지역"

the little mermaid mourned her lack of a soul
인어공주는 영혼이 없는 자신을 슬퍼했다
"Why have not we immortal souls?" asked the little mermaid
"왜 우리는 불멸의 영혼을 갖지 못했나요?" 인어공주가 물었다
"I would gladly give all the hundreds of years that I have"
"내가 가진 수백 년을 기꺼이 바치겠다"
"I would trade it all to be a human being for one day"
"나는 하루를 위해 인간이 되기 위해 모든 것을 바꿀 것이다"
"to have the hope of knowing such happiness"
"그러한 행복을 알 희망을 갖기 위해"
"the happiness of that glorious world above the stars"
"별들 위에 있는 저 영광스러운 세상의 행복"
"You must not think that," said the old woman
"그렇게 생각하면 안 돼요." 노파가 말했다
"We believe that we are much happier than the humans"
"우리는 우리가 인간보다 훨씬 더 행복하다고 믿는다"
"and we believe we are much better off than human beings"
"그리고 우리는 우리가 인간보다 훨씬 더 잘 살고 있다고
믿는다"

"So I shall die," said the little mermaid
"그래서 난 죽을 거야." 인어공주가 말했다
"being the foam of the sea, I shall be washed about"
"나는 바다의 거품이 되어 씻음을 받으리라"
"never again will I hear the music of the waves"
"다시는 파도 소리를 듣지 못하리라"
"never again will I see the pretty flowers"
"다시는 예쁜 꽃을 볼 수 없을 거야"
"nor will I ever again see the red sun"
"다시는 붉은 해를 못하리라"
"Is there anything I can do to win an immortal soul?"
"불멸의 영혼을 얻기 위해 내가 할 수 있는 일이 있습니까?"
"No," said the old woman, "unless..."
"아뇨," 늙은 여자가 말했다, "그렇지 않다면..."
"there is just one way to gain a soul"
"영혼을 얻는 방법은 단 하나뿐이다"
"a man has to love you more than he loves his father and

"mother"
"남자는 자기 아버지와 어머니보다 너희를 더 사랑해야 한다"
"all his thoughts and love must be fixed upon you"
"그의 모든 생각과 사랑이 너희에게 고정되어야 한다"
"he has to promise to be true to you here and hereafter"
"그분은 현세와 내세에서 여러분에게 진실하시겠다고
약속하셔야 합니다"
"the priest has to place his right hand in yours"
"제사장은 오른손을 네 손에 얹어야 한다"
"then your man's soul would glide into your body"
"그러면 네 남자의 영혼이 네 몸 속으로 미끄러져 들어올 거야"
"you would get a share in the future happiness of mankind"
"당신은 인류의 장래 행복에 참여하게 될 것입니다"
"He would give to you a soul and retain his own as well"
"그는 당신에게 영혼을 주시고 자신의 영혼도 간직하실
것입니다"
"but it is impossible for this to ever happen"
"그러나 이런 일이 결코 일어나서는 안 된다"
"Your fish's tail, among us, is considered beautiful"
"우리 가운데 물고기의 꼬리는 아름답습니다"
"but on earth your fish's tail is considered ugly"
"하지만 지구상에서는 물고기의 꼬리가 못생긴 것으로
여겨집니다"
"The humans do not know any better"
"인간은 더 잘 알지 못한다"
"their standard of beauty is having two stout props"
"그들의 아름다움의 기준은 두 개의 튼튼한 소품을 갖는
것입니다."
"these two stout props they call their legs"
"이 두 개의 튼튼한 소품을 그들은 다리라고 부릅니다."
The little mermaid sighed at what appeared to be her
destiny
인어공주는 자신의 운명처럼 보이는 것에 한숨을 쉬었다
and she looked sorrowfully at her fish's tail
그리고 그녀는 슬픈 눈으로 물고기의 꼬리를 바라보았다
"Let us be happy with what we have," said the old lady
"우리가 가진 것에 만족합시다." 노부인이 말했다

"let us dart and spring about for the three hundred years"
"삼백 년 동안 뛰어 다니자"
"and three hundred years really is quite long enough"
"그리고 300년은 정말 충분히 긴 세월이다"
"After that we can rest ourselves all the better"
"그 후에 우리는 더 잘 쉴 수 있습니다"
"This evening we are going to have a court ball"
"오늘 저녁에 우리는 코트 무도회를 가질 것입니다"

It was one of those splendid sights we can never see on earth
그것은 우리가 지상에서 결코 볼 수 없는 멋진 광경 중 하나였습니다
the court ball took place in a large ballroom
코트 무도회는 큰 연회장에서 열렸습니다
The walls and the ceiling were of thick transparent crystal
벽과 천장은 두껍고 투명한 크리스탈로 되어 있었다
Many hundreds of colossal shells stood in rows on each side
수백 개의 거대한 조개껍데기가 양쪽에 줄지어 서 있었다
some were deep red, others were grass green
어떤 것은 짙은 붉은색이었고, 어떤 것은 초록색이었다
and each of the shells had a blue fire in it
그리고 각 포탄에는 푸른 불이 들어 있었습니다
These lighted up the whole salon and the dancers
이것들은 살롱 전체와 댄서들을 밝혔습니다
and the shells shone out through the walls
그리고 포탄이 벽을 뚫고 나왔다
so that the sea was also illuminated by their light
바다도 그 빛으로 비추어졌다
Innumerable fishes, great and small, swam past
크고 작은 셀 수 없이 많은 물고기들이 헤엄쳐 지나갔다
some of their scales glowed with a purple brilliance
그들의 비늘 중 일부는 보랏빛으로 빛났다
and other fishes shone like silver and gold
다른 물고기들은 은과 금처럼 빛났다
Through the halls flowed a broad stream
복도를 통해 넓은 시냇물이 흘렀다
and in the stream danced the mermen and the mermaids

그리고 시냇물에서 인어와 인어들이 춤을 추었다
they danced to the music of their own sweet singing
그들은 자기들만의 감미로운 노래에 맞춰 춤을 췄다

No one on earth has such lovely voices as they
지구상의 어느 누구도 그들만큼 사랑스러운 목소리를 가지고 있지 않습니다
but the little mermaid sang more sweetly than all
하지만 인어공주는 누구보다 감미롭게 노래를 불렀어요
The whole court applauded her with hands and tails
법정 전체가 손과 꼬리를 치며 박수를 보냈다
and for a moment her heart felt quite happy
순간 그녀의 마음은 매우 행복했다
because she knew she had the sweetest voice in the sea
바다에서 가장 감미로운 목소리를 가졌다는 것을 알고 있었기 때문이다
and she knew she had the sweetest voice on land
그리고 그녀는 자신이 육지에서 가장 감미로운 목소리를 가지고 있다는 것을 알고 있었다
But soon she thought again of the world above her
하지만 얼마 지나지 않아 그녀는 다시 머리 위에 있는 세상을 떠올렸다
she could not forget the charming prince
그녀는 매력적인 왕자를 잊을 수 없었습니다
it reminded her that he had an immortal soul
그것은 그분이 불멸의 영혼을 가지고 계신다는 것을 상기시켜 주었습니다
and she could not forget that she had no immortal soul
그리고 자기에게는 불멸의 영혼이 없다는 것을 잊을 수 없었다
She crept away silently out of her father's palace
그녀는 조용히 아버지의 궁전을 빠져나갔다
everything within was full of gladness and song
그 안의 모든 것이 기쁨과 노래로 가득 찼습니다
but she sat in her own little garden, sorrowful and alone
그러나 그녀는 슬픔과 외로움으로 자신의 작은 정원에 앉아 있었다
Then she heard the bugle sounding through the water

그때 물 속에서 나팔 소리가 들렸다
and she thought, "He is certainly sailing above"
그리고 그녀는 생각했다, "그는 확실히 위를 항해하고 있다"
"he, the beautiful prince, in whom my wishes centre"
"그, 내 소원이 중심이 되는 아름다운 왕자"
"he, in whose hands I should like to place my happiness"
"내 행복을 누구의 손에 맡기고 싶은지 그분"
"I will venture all for him, and to win an immortal soul"
"나는 그를 위해 모든 것을 걸고 불멸의 영혼을 얻겠다"
"my sisters are dancing in my father's palace"
"내 여동생들이 내 아버지의 궁전에서 춤을 추고 있다"
"but I will go to the sea witch"
"하지만 나는 바다 마녀에게 갈 것이다"
"the sea witch of whom I have always been so afraid"
"내가 항상 두려워했던 바다 마녀"
"but the sea witch can give me counsel, and help"
"하지만 바다 마녀는 내게 조언과 도움을 줄 수 있어"

Then the little mermaid went out from her garden
그런 다음 인어 공주는 정원에서 나갔습니다
and she took the road to the foaming whirlpools
그리고 그녀는 거품이 이는 소용돌이로 향하는 길을 택했다
behind the foaming whirlpools the sorceress lived
거품이 이는 소용돌이 뒤에는 마법사가 살고 있었다
the little mermaid had never gone that way before
인어공주는 한 번도 그런 길을 가본 적이 없었어요
Neither flowers nor grass grew where she was going
그녀가 가는 곳에는 꽃도 풀도 자라지 않았다
there was nothing but bare, gray, sandy ground
그곳에는 회색의 모래 땅 외에는 아무것도 없었다
this barren land stretched out to the whirlpool
이 황량한 땅은 소용돌이까지 뻗어 있었다
the water was like foaming mill wheels
물은 거품이 이는 방앗간 바퀴 같았다
and the mills seized everything that came within reach
방앗간은 손이 닿는 모든 것을 압수했다
they cast their prey into the fathomless deep

그들은 먹이를 헤아릴 수 없는 깊은 곳으로 던졌다
Through these crushing whirlpools she had to pass
이 압도적인 소용돌이를 뚫고 그녀는 통과해야 했다
only then could she reach the dominions of the sea witch
그래야만 바다 마녀의 영토에 도달할 수 있었다
after this came a stretch of warm, bubbling mire
그 후 따뜻하고 부글부글 끓어오르는 진흙탕이 펼쳐졌다
the sea witch called the bubbling mire her turf moor
바다의 마녀는 부글부글 끓어오르는 진흙을 자신의 잔디 황무지라고 불렀습니다

Beyond her turf moor was the witch's house
그녀의 잔디밭 너머에는 마녀의 집이 있었다
her house stood in the centre of a strange forest
그녀의 집은 낯선 숲 한가운데에 서 있었다
in this forest all the trees and flowers were polypi
이 숲에서는 모든 나무와 꽃이 폴리피였다
but they were only half plant; the other half was animal
그러나 그것들은 단지 반쪽짜리 식물에 불과했다. 나머지 절반은 동물이었다
They looked like serpents with a hundred heads
그들은 머리가 백 개나 되는 뱀처럼 보였다
and each serpent was growing out of the ground
뱀은 저마다 땅에서 자라나고 있었다
Their branches were long, slimy arms
그들의 나뭇가지들은 길고 끈적끈적한 팔이었다
and they had fingers like flexible worms
그리고 그들은 유연한 벌레 같은 손가락을 가지고 있었다
each of their limbs, from the root to the top, moved
그들의 팔다리는 뿌리에서 꼭대기까지 각각 움직였다
All that could be reached in the sea they seized upon
바다에서 닿을 수 있는 모든 것을 그들이 붙잡았다
and what they caught they held on tightly to
잡은 것을 꽉 붙잡았다
so that it never escaped from their clutches
그들의 손아귀에서 결코 벗어나지 못하도록,

The little mermaid was alarmed at what she saw
인어공주는 그 광경을 보고 깜짝 놀랐어요
she stood still and her heart beat with fear
그녀는 가만히 서 있었고 그녀의 심장은 두려움으로 뛰었다
She came very close to turning back
그녀는 거의 돌아올 뻔했다
but she thought of the beautiful prince
하지만 그녀는 아름다운 왕자를 생각했다
and the thought of the human soul for which she longed
그리고 그녀가 갈망했던 인간 영혼에 대한 생각
with these thoughts her courage returned
이런 생각과 함께 용기가 돌아왔다
She fastened her long, flowing hair round her head
그녀는 길게 늘어뜨린 머리카락을 머리에 두르고 있었다
so that the polypi could not grab hold of her hair
폴리피가 그녀의 머리카락을 붙잡을 수 없도록
and she crossed her hands across her bosom
그리고 그녀는 가슴에 손을 교차시켰다
and then she darted forward like a fish through the water
그러고는 물고기처럼 물속을 헤쳐 나갔다
between the supple arms and fingers of the ugly polypi
못생긴 폴리피의 유연한 팔과 손가락 사이
they were stretched out on each side of her
그들은 그녀의 양쪽으로 뻗어 있었다
She saw that they all held something in their grasp
그녀는 그들 모두가 뭔가를 손에 쥐고 있는 것을 보았다
something they had seized with their numerous little arms
그들은 수많은 작은 팔로 무언가를 움켜쥐었다
they were were white skeletons of human beings
그들은 인간의 하얀 해골이었다
sailors who had perished at sea in storms
폭풍우에 바다에서 목숨을 잃은 선원들
and they had sunk down into the deep waters
그들은 깊은 물 속으로 가라앉았다
and there were skeletons of land animals
그리고 육지 동물의 해골이 있었다
and there were oars, rudders, and chests of ships

그리고 노와 방향타와 배의 궤짝이 있었다
There was even a little mermaid whom they had caught
심지어 그들이 잡은 인어공주도 있었다
the poor mermaid must have been strangled by the hands
불쌍한 인어는 손에 목이 졸려 죽었을 것입니다
to her this seemed the most shocking of all
그녀에게는 이것이 가장 충격적으로 보였다

finally, she came to a space of marshy ground in the woods
마침내, 그녀는 숲 속의 늪지대에 도착했다
here there were large fat water snakes rolling in the mire
이곳에는 크고 뚱뚱한 물뱀이 진흙탕에서 굴러다니고 있었습니다
the snakes showed their ugly, drab-colored bodies
뱀들은 흉측하고 칙칙한 몸매를 드러냈다
In the midst of this spot stood a house
이 자리 한가운데에 한 집이 서 있었다
the house was built of the bones of shipwrecked human beings
그 집은 난파된 인간의 뼈로 지어졌습니다
and in the house sat the sea witch
그리고 그 집에는 바다 마녀가 앉아 있었다
she was allowing a toad to eat from her mouth
그녀는 두꺼비가 입에서 먹도록 내버려 두고 있었다
just like when people feed a canary with pieces of sugar
사람들이 카나리아에게 설탕 조각을 먹일 때처럼
She called the ugly water snakes her little chickens
그녀는 못생긴 물뱀을 작은 닭이라고 불렀습니다
and she allowed them to crawl all over her bosom
그리고 그 여자는 그것들이 자기 가슴 속을 기어 다니도록 내버려 두었다

"I know what you want," said the sea witch
"네가 뭘 원하는지 알아." 바다 마녀가 말했다
"It is very stupid of you to want such a thing"
"그런 것을 원한다는 것은 매우 어리석은 일입니다"
"but you shall have your way, however stupid it is"

"그러나 아무리 어리석은 일일지라도 너는 네 뜻대로 할 것이다"
"though it will bring you to sorrow, my pretty princess"
"비록 그것이 너를 슬픔에 빠뜨릴지라도, 나의 예쁜 공주님"
"You want to get rid of your mermaid's tail"
"인어의 꼬리를 없애고 싶어요"
"and you want to have two supports instead"
"그리고 대신 두 개의 지지대를 원합니다."
"this will make you like the human beings on earth"
"이렇게 하면 너희도 이 땅의 인간들처럼 될 것이다"
"and then the young prince might fall in love with you"
"그러면 어린 왕자가 너와 사랑에 빠질지도 몰라"
"and then you might have an immortal soul"
"그러면 당신은 불멸의 영혼을 갖게 될 것입니다"
the witch laughed loud and disgustingly
마녀는 역겨운 듯 크게 웃었다
the toad and the snakes fell to the ground
두꺼비와 뱀이 땅에 떨어졌다
and they lay there wriggling on the floor
그들은 바닥에 누워 꿈틀거렸다
"You are but just in time," said the witch
"넌 딱 때야." 마녀가 말했다
"after sunrise tomorrow it would have been too late"
"내일 해가 뜬 후에는 너무 늦었을 것입니다."
"I would not be able to help you till the end of another year"
"나는 또 다른 해가 끝날 때까지 당신을 도울 수 없을 것입니다"
"I will prepare a potion for you"
"내가 너를 위해 물약을 준비하겠다"
"swim up to the land tomorrow, before sunrise
"내일 해가 뜨기 전에 육지로 헤엄쳐 올라가
"seat yourself there and drink the potion"
"거기 앉아서 물약을 마셔라"
"after you drink it your tail will disappear"
"마시면 꼬리가 사라진다"
"and then you will have what men call legs"
"그러면 사람들이 다리라고 부르는 것을 갖게 될 것입니다"

"all will say you are the prettiest girl in the world"

"모두가 당신이 세상에서 가장 예쁜 여자라고 말할 것입니다"
"but for this you will have to endure great pain"
"그러나 이를 위하여 너는 큰 고통을 견뎌야 할 것이다"
"it will be as if a sword were passing through you"
"마치 칼이 너를 관통하는 것 같을 것이다"
"You will still have the same gracefulness of movement"
"당신은 여전히 움직임의 우아함을 가질 것입니다"
"it will be as if you are floating over the ground"
"마치 땅 위에 떠 있는 것 같을 것입니다"
"and no dancer will ever tread as lightly as you"
"그리고 어떤 무용수도 당신만큼 가볍게 밟지 않을 것입니다"
"but every step you take will cause you great pain"
"그러나 네가 내딛는 모든 발걸음은 너에게 큰 고통을 줄 것이다"
"it will be as if you were treading upon sharp knives"
"그것은 마치 네가 날카로운 칼을 밟는 것과 같을 것이다"
"If you bear all this suffering, I will help you"
"네가 이 모든 고통을 감당한다면, 내가 너를 도와주겠다"
the little mermaid thought of the prince
인어공주는 왕자를 생각했다
and she thought of the happiness of an immortal soul
그리고 그녀는 불멸의 영혼의 행복을 생각했다
"Yes, I will," said the little princess
"네, 그렇게 하겠습니다." 어린 공주가 말했어요
but, as you can imagine, her voice trembled with fear
하지만 짐작할 수 있듯이 그녀의 목소리는 두려움으로 떨렸다

"do not rush into this," said the witch
"서두르지 마라." 마녀가 말했다
"once you are shaped like a human, you can never return"
"한 번 인간으로 변하면 다시는 돌아갈 수 없다"
"and you will never again take the form of a mermaid"
"그리고 너는 다시는 인어의 모습을 취하지 않을 것이다"
"You will never return through the water to your sisters"
"너는 결코 물을 통해 네 자매들에게로 돌아오지 못할 것이다"
"nor will you ever go to your father's palace again"
"다시는 네 아버지의 궁전에 가지 못하리라"

"you will have to win the love of the prince"
"왕자의 사랑을 얻어야 한다"
"he must be willing to forget his father and mother for you"
"그는 너를 위해 자기 아버지와 어머니를 기꺼이 잊으려 할 것이다"
"and he must love you with all of his soul"
"그는 자기 영혼을 다하여 너희를 사랑하리라"
"the priest must join your hands together"
"제사장이 너희의 손을 모아야 한다"
"and he must make you man and wife in holy matrimony"
"그가 너희를 거룩한 결혼의 남자와 아내로 삼으리라"
"only then will you have an immortal soul"
"그래야만 불멸의 영혼을 갖게 될 것입니다"
"but you must never allow him to marry another"
"그러나 그가 다른 사람과 결혼하는 것을 결코 허락해서는 안 된다"
"the morning after he marries another, your heart will break"
"그가 다른 사람과 결혼한 다음 날 아침, 당신의 마음은 찢어질 것입니다"
"and you will become foam on the crest of the waves"
"너는 파도 꼭대기에서 거품이 될 것이다"
the little mermaid became as pale as death
인어공주는 죽음처럼 창백해졌다
"I will do it," said the little mermaid
"내가 할게." 인어공주가 말했어요

"But I must be paid, also," said the witch
"하지만 나도 대가를 치러야 해." 마녀가 말했다
"and it is not a trifle that I ask for"
"내가 구하는 것은 하찮은 것이 아니니라"
"You have the sweetest voice of any who dwell here"
"당신은 이곳에 사는 사람들 중 가장 감미로운 목소리를 가지고 있습니다."
"you believe that you can charm the prince with your voice"
"당신은 당신의 목소리로 왕자를 매료시킬 수 있다고 믿습니다"
"But your beautiful voice you must give to me"
"그러나 너는 너의 아름다운 목소리를 내게 주어야 한다"

"The best thing you possess is the price of my potion"
"네가 가진 것 중 가장 좋은 것은 내 물약의 가격이야"
"the potion must be mixed with my own blood"
"그 물약은 내 피와 섞여야 한다"
"only this makes it as sharp as a two-edged sword"
"이것만이 양날의 검처럼 날카롭다"

the little mermaid tried to object to the cost
인어공주는 그 비용에 반대하려고 했다
"But if you take away my voice..." said the little mermaid
"하지만 내 목소리를 빼앗아 간다면..." 인어공주가 말했다
"if you take away my voice, what is left for me?"
"내 목소리를 빼앗아 가면, 나한테 남은 게 뭐가 있겠어?"
"Your beautiful form," suggested the sea witch
"네 아름다운 모습이구나." 바다 마녀가 말했다
"your graceful walk, and your expressive eyes"
"너의 우아한 걸음걸이, 너의 표현력 있는 눈빛"
"Surely, with these you can enchain a man's heart?"
"설마, 이걸로 사람의 심장을 옭아맬 수 있겠느냐?"
"Well, have you lost your courage?" the sea witch asked
"그럼, 용기를 잃었나?" 바다 마녀가 물었다
"Put out your little tongue, so that I can cut it off"
"네 작은 혀를 내밀어 내가 끊어 버리게 하라"
"then you shall have the powerful potion"
"그러면 너는 강력한 물약을 갖게 될 것이다"
"It shall be," said the little mermaid
"그렇게 되리라." 인어공주가 말했다

Then the witch placed her caldron on the fire
그런 다음 마녀는 가마솥을 불 위에 올려 놓았습니다
"Cleanliness is a good thing," said the sea witch
"청결은 좋은 거야." 바다 마녀가 말했다
she scoured the vessels for the right snake
그녀는 올바른 뱀을 찾기 위해 그릇을 샅샅이 뒤졌다
all the snakes had been tied together in a large knot
모든 뱀들은 커다란 매듭으로 묶여 있었다
Then she pricked herself in the breast

그러고는 가슴을 찔렀다
and she let the black blood drop into the caldron
그리고 그녀는 검은 피를 가마솥에 떨어뜨렸다
The steam that rose twisted itself into horrible shapes
솟아오른 증기가 끔찍한 모양으로 뒤틀렸다
no person could look at the shapes without fear
두려움 없이 그 모양을 볼 수 있는 사람은 아무도 없었습니다
Every moment the witch threw new ingredients into the vessel
마녀는 매 순간 새로운 재료를 그릇에 집어넣었다
finally, with everything inside, the caldron began to boil
마침내, 안에 있는 모든 것이 들어서, 가마솥이 끓기 시작했다
there was the sound like the weeping of a crocodile
악어의 울음소리 같은 소리가 났다
and at last the magic potion was ready
드디어 마법의 물약이 준비되었다
despite its ingredients, it looked like the clearest water
성분에도 불구하고 가장 맑은 물처럼 보였다
"There it is, all for you," said the witch
"저기, 다 널 위한 거야." 마녀가 말했다
and then she cut off the little mermaid's tongue
그리고 그녀는 인어공주의 혀를 잘랐습니다
so that the little mermaid could never again speak, nor sing
인어공주가 다시는 말하지도, 노래하지도 못하게 하기 위해서였다
"the polypi might try and grab you on the way out"
"폴리피가 나가는 길에 당신을 붙잡으려고 할 수도 있습니다."
"if they try, throw over them a few drops of the potion"
"놈들이 시도한다면, 물약을 몇 방울 떨어뜨려라"
"and their fingers will be torn into a thousand pieces"
"그들의 손가락이 천 조각으로 찢어질 것이다"
But the little mermaid had no need to do this
하지만 인어공주는 그럴 필요가 없었어요
the polypi sprang back in terror when they saw her
폴리피는 그녀를 보자 겁에 질려 뒤로 물러섰다
they saw she had lost her tongue to the sea witch
그들은 그녀가 바다 마녀에게 혀를 잃었다는 것을 알았다

and they saw she was carrying the potion
그리고 그들은 그녀가 물약을 가지고 있는 것을 보았다
the potion shone in her hand like a twinkling star
물약이 반짝이는 별처럼 그녀의 손에서 빛났다

So she passed quickly through the wood and the marsh
그래서 그녀는 숲과 늪지대를 재빨리 통과했다
and she passed between the rushing whirlpools
그리고 그녀는 밀려오는 소용돌이 사이를 지나갔다
soon she made it back to the palace of her father
얼마 지나지 않아 그녀는 아버지의 궁전으로 돌아왔다
all the torches in the ballroom were extinguished
무도회장의 모든 횃불이 꺼졌다
all within the palace must now be asleep
궁전 안에 있는 사람들은 이제 모두 잠들어 있을 것이다
But she did not go inside to see them
그러나 그 여자는 그들을 보러 안으로 들어가지 않았다
she knew she was going to leave them forever
그녀는 자신이 그들을 영원히 떠나게 될 것임을 알고 있었다
and she knew her heart would break if she saw them
그리고 그녀는 그들을 보면 가슴이 찢어질 것을 알았다
she went into the garden one last time
그녀는 마지막으로 정원으로 들어갔다
and she took a flower from each one of her sisters
그리고 그 자매들에게서 꽃을 하나씩 받았다
and then she rose up through the dark-blue waters
그리고 그녀는 검푸른 바다를 뚫고 솟아올랐다

the little mermaid arrived at the prince's palace
인어공주가 왕자의 궁전에 도착했습니다
the the sun had not yet risen from the sea
태양은 아직 바다에서 떠오르지 않았다
and the moon shone clear and bright in the night
달은 밤에 맑고 밝게 빛났다
the little mermaid sat at the beautiful marble steps
인어공주는 아름다운 대리석 계단에 앉아 있었어요
and then the little mermaid drank the magic potion

그리고 인어공주는 마법의 물약을 마셨어요
she felt the cut of a two-edged sword cut through her
그녀는 양날의 검이 자신을 꿰뚫는 것을 느꼈다
and she fell into a swoon, and lay like one dead
그러자 그녀는 기절하여 죽은 자처럼 누워 있었다
the sun rose from the sea and shone over the land
태양이 바다에서 떠올라 땅을 비췄다
she recovered and felt the pain from the cut
그녀는 회복되었고 베인 상처의 고통을 느꼈다
but before her stood the handsome young prince
그러나 그녀 앞에는 잘생긴 어린 왕자가 서 있었다

He fixed his coal-black eyes upon the little mermaid
그는 숯처럼 검은 눈을 인어공주에게 고정시켰다
he looked so earnestly that she cast down her eyes
그가 너무나 진지하게 쳐다보자 그녀는 눈을 내리깔았다
and then she became aware that her fish's tail was gone
그리고 그녀는 물고기의 꼬리가 사라졌다는 것을 알게
되었습니다
she saw that she had the prettiest pair of white legs
그녀는 자신이 가장 예쁜 흰 다리를 가지고 있다는 것을
알았습니다
and she had tiny feet, as any little maiden would have
그리고 그녀는 여느 어린 처녀들처럼 작은 발을 가지고 있었다
But, having come from the sea, she had no clothes
그러나 바다에서 왔기 때문에 옷이 없었습니다
so she wrapped herself in her long, thick hair
그래서 그녀는 길고 굵은 머리카락으로 몸을 감쌌습니다
The prince asked her who she was and whence she came
왕자는 그녀에게 그녀가 누구이며 어디서 왔는지 물었다
She looked at him mildly and sorrowfully
그녀는 온화하고 슬픈 눈빛으로 그를 바라보았다
but she had to answer with her deep blue eyes
하지만 그녀는 짙푸른 눈으로 대답해야 했다
because the little mermaid could not speak anymore
인어공주가 더 이상 말을 할 수 없었기 때문입니다
He took her by the hand and led her to the palace

그는 그녀의 손을 잡고 궁전으로 안내했다

Every step she took was as the witch had said it would be
그녀가 내딛는 모든 발걸음은 마녀가 말한 그대로였다
she felt as if she were treading upon sharp knives
마치 날카로운 칼을 밟고 있는 것 같았다
She bore the pain of the spell willingly, however
하지만 그녀는 기꺼이 주문의 고통을 견뎌냈다
and she moved at the prince's side as lightly as a bubble
그리고 그녀는 거품처럼 가볍게 왕자의 곁에서 움직였다
all who saw her wondered at her graceful, swaying movements
그녀를 본 모든 사람들은 그녀의 우아하고 흔들리는 움직임에 놀라움을 금치 못했다
She was very soon arrayed in costly robes of silk and muslin
그녀는 곧 비단과 모슬린으로 만든 값비싼 예복을 입게 되었다
and she was the most beautiful creature in the palace
그녀는 궁전에서 가장 아름다운 피조물이었다
but she appeared dumb, and could neither speak nor sing
그러나 그녀는 벙어리처럼 보였고, 말도 부르지도 못했다

there were beautiful female slaves, dressed in silk and gold
비단과 금으로 된 옷을 입은 아름다운 여자 노예들이 있었습니다
they stepped forward and sang in front of the royal family
그들은 앞으로 나서서 왕실 가족들 앞에서 노래를 불렀다
each slave could sing better than the next one
각 노예는 다음 노예보다 노래를 더 잘 부를 수 있었습니다
and the prince clapped his hands and smiled at her
왕자는 손뼉을 치며 그녀에게 미소를 지었다
This was a great sorrow to the little mermaid
이것은 인어공주에게 큰 슬픔이었다
she knew how much more sweetly she was able to sing
그녀는 자신이 얼마나 더 감미롭게 노래할 수 있는지 알고 있었다
"if only he knew I have given away my voice to be with him!"

"내가 그와 함께하기 위해 내 목소리를 내어줬다는 것을 그가 알았더라면!"

there was music being played by an orchestra
오케스트라가 연주하는 음악이 있었다
and the slaves performed some pretty, fairy-like dances
그리고 노예들은 예쁘고 요정 같은 춤을 추었습니다
Then the little mermaid raised her lovely white arms
그러자 인어공주가 사랑스러운 하얀 팔을 들어 올렸어요
she stood on the tips of her toes like a ballerina
그녀는 발레리나처럼 발가락 끝으로 섰다
and she glided over the floor like a bird over water
그리고 그녀는 물 위를 날아다니는 새처럼 바닥을 미끄러지듯 날아다녔다
and she danced as no one yet had been able to dance
그리고 그녀는 아직 아무도 춤을 출 수 없었던 것처럼 춤을 췄다
At each moment her beauty was more revealed
매 순간 그녀의 아름다움이 더욱 드러났다
most appealing of all, to the heart, were her expressive eyes
무엇보다도 마음을 사로잡은 것은 수녀의 표현력 있는 눈이었다
Everyone was enchanted by her, especially the prince
모두가 그녀에게 매료되었는데, 특히 왕자가 그랬다
the prince called her his deaf little foundling
왕자는 그녀를 귀머거리 새끼라고 불렀습니다
and she happily continued to dance, to please the prince
그리고 그녀는 왕자를 기쁘게 하기 위해 행복하게 계속 춤을 추었다
but we must remember the pain she endured for his pleasure
그러나 우리는 아내가 남편의 기쁨을 위해 견뎌야 했던 고통을 기억해야 합니다
every step on the floor felt as if she trod on sharp knives
바닥을 밟을 때마다 날카로운 칼을 밟는 것 같았다

The prince said she should remain with him always
왕자는 그녀가 항상 그와 함께 있어야 한다고 말했다
and she was given permission to sleep at his door

그리고 그 여자는 그의 문에서 자도 좋다는 허락을 받았다
they brought a velvet cushion for her to lie on
그들은 그녀가 누울 수 있도록 벨벳 쿠션을 가져왔습니다
and the prince had a page's dress made for her
그리고 왕자는 그녀를 위해 한 페이지의 드레스를 만들었습니다
this way she could accompany him on horseback
이렇게 하면 말을 타고 그와 동행할 수 있었다
They rode together through the sweet-scented woods
그들은 달콤한 향기가 나는 숲 속을 함께 달렸다
in the woods the green branches touched their shoulders
숲 속에서 푸른 나뭇가지들이 그들의 어깨에 닿았다
and the little birds sang among the fresh leaves
작은 새들이 싱그러운 나뭇잎 사이에서 노래했다
She climbed with him to the tops of high mountains
그녀는 그와 함께 높은 산꼭대기로 올라갔다
and although her tender feet bled, she only smiled
여린 발에서 피가 났지만 그녀는 미소를 지을 뿐이었다
she followed him till the clouds were beneath them
그녀는 구름이 그들 아래에 있을 때까지 그를 따라갔다
like a flock of birds flying to distant lands
먼 나라로 날아가는 새떼처럼

when all were asleep she sat on the broad marble steps
모두가 잠들었을 때, 그녀는 넓은 대리석 계단에 앉았다
it eased her burning feet to bathe them in the cold water
화끈거리는 발을 찬물에 담그고 몸을 씻어주었다
It was then that she thought of all those in the sea
그제서야 그녀는 바다에 있는 모든 사람들을 생각했다
Once, during the night, her sisters came up, arm in arm
한번은 밤에 언니들이 팔짱을 끼고 올라왔다
they sang sorrowfully as they floated on the water
그들은 물 위에 떠 있는 동안 슬픈 노래를 불렀습니다
She beckoned to them, and they recognized her
그녀는 그들에게 손짓했고, 그들은 그녀를 알아보았다
they told her how they had grieved their youngest sister
그들은 막내 여동생을 얼마나 슬퍼했는지 이야기했다
after that, they came to the same place every night

그 후로 그들은 매일 밤 같은 장소에 왔다
Once she saw in the distance her old grandmother
한 번은 멀리서 늙은 할머니를 보았다
she had not been to the surface of the sea for many years
그녀는 여러 해 동안 바다 표면에 가본 적이 없었다
and the old Sea King, her father, with his crown on his head
그리고 머리에 왕관을 쓴 늙은 바다의 왕, 그녀의 아버지
he too came to where she could see him
그도 그녀가 그를 볼 수 있는 곳으로 왔다
They stretched out their hands towards her
그들은 그녀를 향해 손을 뻗었다
but they did not venture as near the land as her sisters
그러나 그들은 그녀의 자매들처럼 그 땅 가까이로 모험을
떠나지 않았다

As the days passed she loved the prince more dearly
날이 갈수록 그녀는 왕자를 더욱 사랑하게 되었다
and he loved her as one would love a little child
어린아이를 사랑하듯이 그녀를 사랑하였다
The thought never came to him to make her his wife
그녀를 아내로 삼겠다는 생각은 한 번도 해본 적이 없다
but, unless he married her, her wish would never come true
그러나 그가 그녀와 결혼하지 않는 한, 그녀의 소원은 결코
이루어지지 않을 것입니다
unless he married her she could not receive an immortal soul
그가 그녀와 결혼하지 않는 한, 그녀는 불멸의 영혼을 받을 수
없었다
and if he married another her dreams would shatter
그리고 그가 다른 사람과 결혼한다면 그녀의 꿈은 산산조각이
날 것이다
on the morning after his marriage she would dissolve
그가 결혼한 다음 날 아침, 그녀는 해산하곤 했다
and the little mermaid would become the foam of the sea
인어공주는 바다의 거품이 될 것이다

the prince took the little mermaid in his arms
왕자는 인어공주를 품에 안았어요

and he kissed her on her forehead
그리고 그는 그녀의 이마에 입을 맞추었다
with her eyes she tried to ask him
그녀는 눈으로 그에게 물어보려고 했다
"Do you not love me the most of them all?"
"너는 그들 중 나를 가장 사랑하지 않느냐?"
"Yes, you are dear to me," said the prince
"그래, 넌 내게 소중한 존재야." 왕자가 말했다
"because you have the best heart"
"네가 가장 좋은 마음을 가졌기 때문이니라"
"and you are the most devoted to me"
"그리고 당신은 나에게 가장 헌신적입니다"
"You are like a young maiden whom I once saw"
"너는 내가 언젠가 보았던 처녀 같구나"
"but I shall never meet this young maiden again"
"그러나 나는 다시는 이 젊은 처녀를 만나지 못할 것이다"
"I was in a ship that was wrecked"
"나는 난파된 배에 타고 있었다"
"and the waves cast me ashore near a holy temple"
"파도가 나를 거룩한 성전 곁의 해변으로 내던졌도다"
"at the temple several young maidens performed the service"
"성전에서 여러 명의 젊은 처녀들이 예배를 드렸다"
"The youngest maiden found me on the shore"
"막내 처녀가 물가에서 나를 발견했어"
"and the youngest of the maidens saved my life"
"그리고 처녀들 중 막내가 내 목숨을 구해 주었다"
"I saw her but twice," he explained
"나는 그녀를 두 번 밖에 못했다"고 그는 설명했다
"and she is the only one in the world whom I could love"
"그리고 그녀는 내가 사랑할 수 있는 유일한 사람이다"
"But you are like her," he reassured the little mermaid
"하지만 너도 그녀와 비슷하잖아." 그는 인어공주를 안심시켰다
"and you have almost driven her image from my mind"
"그리고 당신은 내 마음에서 그녀의 이미지를 거의 몰아냈습니다"
"She belongs to the holy temple"
"그 여자는 거룩한 성전에 속해 있느니라"

"good fortune has sent you instead of her to me"
"행운이 그녀 대신 너를 내게 보냈다"
"We will never part," he comforted the little mermaid
"우린 절대 헤어지지 않을 거야." 그는 인어공주를 위로했다

but the little mermaid could not help but sigh
하지만 인어공주는 한숨을 쉬지 않을 수 없었다
"he knows not that it was I who saved his life"
"그는 자기 목숨을 구한 자가 바로 나인 줄 알지 못하느니라"
"I carried him over the sea to where the temple stands"
"내가 그를 바다 건너 성전이 있는 곳으로 데리고 갔느니라"
"I sat beneath the foam till the human came to help him"
"나는 인간이 그를 도우러 올 때까지 거품 아래에 앉아 있었다"
"I saw the pretty maiden that he loves"
"나는 그가 사랑하는 예쁜 처녀를 보았다"
"the pretty maiden that he loves more than me"
"나보다 더 사랑하는 예쁜 처녀"
The mermaid sighed deeply, but she could not weep
인어는 깊은 한숨을 내쉬었지만 눈물을 흘릴 수는 없었다
"He says the maiden belongs to the holy temple"
"그는 그 처녀가 거룩한 성전에 속해 있다고 말한다"
"therefore she will never return to the world"
"그러므로 그 여자는 결코 세상으로 돌아오지 못하리라"
"they will meet no more," the little mermaid hoped
"그들은 더 이상 만나지 않을 거야." 인어공주는 바랐다
"I am by his side and see him every day"
"나는 그의 곁에 있고 매일 그를 만난다"
"I will take care of him, and love him"
"내가 그를 돌보고 사랑하리라"
"and I will give up my life for his sake"
"내가 그를 위하여 내 목숨을 버리리라"

Very soon it was said that the prince was to marry
얼마 지나지 않아 왕자가 결혼할 것이라는 말이 전해졌다
there was the beautiful daughter of a neighbouring king
이웃 왕의 아름다운 딸이 있었습니다
it was said that she would be his wife

그 여자가 그의 아내가 될 것이라는 말이 있었다
for the occasion a fine ship was being fitted out
그 행사를 위하여 훌륭한 배가 준비되고 있었다
the prince said he intended only to visit the king
왕자는 왕을 만나러 갈 생각이라고 말했다
they thought he was only going so as to meet the princess
그들은 그가 단지 공주를 만나러 가는 것이라고 생각했다
The little mermaid smiled and shook her head
인어공주는 미소를 지으며 고개를 저었다
She knew the prince's thoughts better than the others
그녀는 왕자의 생각을 다른 사람들보다 더 잘 알고 있었다

"I must travel," he had said to her
"난 여행을 가야 해." 그가 그녀에게 말했었다
"I must see this beautiful princess"
"이 아름다운 공주를 꼭 봐야겠어요"
"My parents want me to go and see her
"부모님은 제가 어머니를 만나러 가기를 원하십니다
"but they will not oblige me to bring her home as my bride"
"그러나 그들은 내가 그 여자를 내 신부로 집으로 데려오도록 강요하지 않을 것이다"
"you know that I cannot love her"
"내가 그녀를 사랑할 수 없다는 것을 당신은 알고 있습니다"
"because she is not like the beautiful maiden in the temple"
"그 여자는 성전의 아름다운 처녀와 같지 아니하니라"
"the beautiful maiden whom you resemble"
"당신이 닮은 아름다운 처녀"
"If I were forced to choose a bride, I would choose you"
"내가 신부를 선택하도록 강요받는다면, 나는 당신을 선택할 것입니다"
"my deaf foundling, with those expressive eyes"
"귀머거리인 내 새끼, 그 표정 있는 눈으로"
Then he kissed her rosy mouth
그런 다음 그는 그녀의 장밋빛 입에 키스했다
and he played with her long, waving hair
그리고 그는 그녀의 길고 물결치는 머리카락을 가지고 놀았다
and he laid his head on her heart

그리고 그의 머리를 그녀의 가슴에 얹었다
she dreamed of human happiness and an immortal soul
그녀는 인간의 행복과 불멸의 영혼을 꿈꿨다

they stood on the deck of the noble ship
그들은 고귀한 배의 갑판에 서 있었다
"You are not afraid of the sea, are you?" he said
"넌 바다가 두렵지 않지?" 그가 말했다
the ship was to carry them to the neighbouring country
그 배는 그들을 이웃 나라로 실어 나르기로 되어 있었다
Then he told her of storms and of calms
그런 다음 그는 그녀에게 폭풍과 잔잔에 대해 이야기했습니다
he told her of strange fishes deep beneath the water
그는 그녀에게 물속 깊은 곳에 이상한 물고기가 있다고 말해 주었다
and he told her of what the divers had seen there
그리고 그는 잠수부들이 거기서 본 것을 그녀에게 말해 주었다
She smiled at his descriptions, slightly amused
그녀는 그의 설명에 약간 재미있다는 듯이 미소를 지었다
she knew better what wonders were at the bottom of the sea
그녀는 바다 밑바닥에 어떤 경이로움이 있는지 더 잘 알고 있었다

the little mermaid sat on the deck at moonlight
인어공주는 달빛이 비치는 갑판에 앉아 있었어요
all on board were asleep, except the man at the helm
배에 탄 사람은 모두 잠들어 있었지만, 키를 잡은 사람은 예외였다
and she gazed down through the clear water
그리고 그녀는 맑은 물 속을 내려다보았다
She thought she could distinguish her father's castle
그녀는 아버지의 성을 구별할 수 있다고 생각했다
and in the castle she could see her aged grandmother
그리고 성에서 그녀는 연로한 할머니를 볼 수 있었다
Then her sisters came out of the waves
그때 언니들이 파도 속에서 나왔어요
and they gazed at their sister mournfully

그들은 슬픈 눈빛으로 누이를 바라보았다
She beckoned to her sisters, and smiled
그녀는 언니들에게 손짓하며 미소를 지었다
she wanted to tell them how happy and well off she was
그녀는 자신이 얼마나 행복하고 잘 살고 있는지 그들에게 말하고 싶었다
But the cabin boy approached and her sisters dived down
그러나 오두막 소년이 다가왔고 그녀의 자매들은 아래로 뛰어내렸다
he thought what he saw was the foam of the sea
그는 자신이 본 것이 바다의 거품이라고 생각했다

The next morning the ship got into the harbour
이튿날 아침 배는 항구에 입항했다
they had arrived in a beautiful coastal town
그들은 아름다운 해안 마을에 도착했습니다
on their arrival they were greeted by church bells
그들이 도착하자 교회 종소리가 그들을 맞이하였다
and from the high towers sounded a flourish of trumpets
높은 망대에서 나팔 소리가 울려 퍼졌다
soldiers lined the roads through which they passed
군인들은 그들이 지나가는 길에 줄지어 서 있었다
Soldiers, with flying colors and glittering bayonets
화려한 색채와 반짝이는 총검을 든 병사들
Every day that they were there there was a festival
그들이 그곳에 있는 날마다 축제가 열렸습니다
balls and entertainments were organised for the event
행사를 위해 무도회와 엔터테인먼트가 조직되었습니다
But the princess had not yet made her appearance
그러나 공주는 아직 모습을 드러내지 않았다
she had been brought up and educated in a religious house
그녀는 종교적인 가정에서 자랐고 교육을 받았다
she was learning every royal virtue of a princess
그녀는 공주의 모든 왕실 미덕을 배우고 있었다

At last, the princess made her royal appearance
드디어 공주가 왕실의 모습을 드러냈습니다

The little mermaid was anxious to see her
인어공주는 그녀를 몹시 보고 싶어 했어요
she had to know whether she really was beautiful
그녀는 자신이 정말 아름다운지 알아야 했다
she was obliged to admit she really was beautiful
그녀는 자신이 정말 아름답다는 것을 인정하지 않을 수 없었다
she had never seen a more perfect vision of beauty
그녀는 아름다움에 대한 이보다 더 완벽한 비전을 본 적이 없었다
Her skin was delicately fair
그녀의 피부는 섬세하게 하얗게 질려 있었다
and her laughing blue eyes shone with truth and purity
그녀의 웃는 푸른 눈은 진실과 순수함으로 빛났다
"It was you," said the prince
"너였어." 왕자가 말했다
"you saved my life when I lay as if dead on the beach"
"내가 해변에 죽은 것처럼 누워 있을 때 당신은 내 목숨을 구했습니다"
"and he held his blushing bride in his arms"
"얼굴이 빨개진 신부를 품에 안고"

"Oh, I am too happy!" said he to the little mermaid
"오, 너무 행복해!" 그가 인어공주에게 말했다
"my fondest hopes are now fulfilled"
"나의 간절한 소망이 이제 성취되었습니다"
"You will rejoice at my happiness"
"너는 나의 행복을 보고 기뻐할 것이다"
"because your devotion to me is great and sincere"
"나에 대한 너희의 정성이 크고 진실하기 때문이니라"
The little mermaid kissed the prince's hand
인어공주는 왕자의 손에 입을 맞췄어요
and she felt as if her heart were already broken
그녀는 이미 마음이 찢어진 것처럼 느꼈다
His wedding morning would bring death to her
그의 결혼식 아침은 그녀에게 죽음을 가져다 줄 것입니다
she knew she was to become the foam of the sea
그녀는 자신이 바다의 거품이 되리라는 것을 알았다

the sound of the church bells rang through the town
교회 종소리가 온 마을에 울려 퍼졌다
the heralds rode through the town proclaiming the betrothal
전령들은 말을 타고 마을을 돌아다니며 약혼을 선포했다
Perfumed oil was burned in silver lamps on every altar
향유는 모든 제단의 은등불에 태워졌다
The priests waved the censers over the couple
사제들은 부부에게 향로를 흔들었다
and the bride and the bridegroom joined their hands
그러자 신랑과 신부가 손을 맞잡았다
and they received the blessing of the bishop
그리고 그들은 감독의 축복을 받았다
The little mermaid was dressed in silk and gold
인어공주는 비단과 금으로 된 옷을 입고 있었습니다
she held up the bride's dress, in great pain
그녀는 몹시 고통스러워하며 신부의 드레스를 들어 올렸다
but her ears heard nothing of the festive music
그러나 그녀의 귀에는 축제 음악이 전혀 들리지 않았다
and her eyes saw not the holy ceremony
그의 눈은 거룩한 의식을 못하였다
She thought of the night of death coming to her
그녀는 죽음의 밤이 자신에게 다가올 것을 생각했다
and she mourned for all she had lost in the world
그리고 그녀는 세상에서 잃은 모든 것을 슬퍼했다

that evening the bride and bridegroom boarded the ship
그날 저녁 신랑과 신부는 배를 탔다
the ship's cannons were roaring to celebrate the event
배의 대포는 행사를 축하하기 위해 포효하고 있었습니다
and all the flags of the kingdom were waving
왕국의 모든 깃발이 흔들리고 있었다
in the centre of the ship a tent had been erected
배 중앙에는 천막이 쳐져 있었다
in the tent were the sleeping couches for the newlyweds
천막 안에는 신혼부부를 위한 잠자리가 있었다
the winds were favourable for navigating the calm sea
바람은 잔잔한 바다를 항해하는 데 유리했습니다

and the ship glided as smoothly as the birds of the sky
배는 하늘의 새들처럼 부드럽게 미끄러졌다

When it grew dark, a number of colored lamps were lighted
날이 어두워지자 여러 가지 색깔의 등불이 켜졌습니다
the sailors and royal family danced merrily on the deck
선원들과 왕실 가족은 갑판에서 즐겁게 춤을 추었습니다
The little mermaid could not help thinking of her birthday
인어공주는 자신의 생일을 생각하지 않을 수 없었어요
the day that she rose out of the sea for the first time
그녀가 처음으로 바다에서 떠오른 날
similar joyful festivities were celebrated on that day
그날도 그와 비슷한 즐거운 축제가 열렸습니다
she thought about the wonder and hope she felt that day
그녀는 그날 느꼈던 경이로움과 희망에 대해 생각했다
with those pleasant memories, she too joined in the dance
그 즐거운 추억을 간직한 그녀도 춤을 추기 시작했다
on her paining feet, she poised herself in the air
그녀는 고통스러운 발을 딛고 공중으로 솟아올랐다
the way a swallow poises itself when in pursued of prey
제비가 먹이를 쫓을 때 자세를 취하는 방식
the sailors and the servants cheered her wonderingly
선원들과 하인들은 신기한 듯 그녀를 환호했다
She had never danced so gracefully before
그녀는 그렇게 우아하게 춤을 춘 적이 없었다
Her tender feet felt as if cut with sharp knives
그녀의 여린 발은 마치 날카로운 칼로 베인 것처럼 느껴졌다
but she cared little for the pain of her feet
그러나 그녀는 발의 통증에는 거의 신경을 쓰지 않았다
there was a much sharper pain piercing her heart
훨씬 더 날카로운 고통이 그녀의 심장을 찔렀다

She knew this was the last evening she would ever see him
그녀는 오늘이 그를 볼 수 있는 마지막 저녁이라는 것을 알고 있었다
the prince for whom she had forsaken her kindred and home
그녀가 친족과 고향을 버린 왕자

She had given up her beautiful voice for him
그녀는 그를 위해 아름다운 목소리를 포기했다
and every day she had suffered unheard-of pain for him
그리고 그녀는 매일 그를 위해 전례 없는 고통을 겪었다
she suffered all this, while he knew nothing of her pain
그녀는 이 모든 고통을 겪었지만, 그는 그녀의 고통에 대해 아무것도 알지 못했다
it was the last evening she would breath the same air as him
그녀가 그와 같은 공기를 마실 수 있는 마지막 저녁이었다
it was the last evening she would gaze on the same starry sky
별이 총총한 밤하늘을 바라보는 마지막 저녁이었다
it was the last evening she would gaze into the deep sea
그녀가 깊은 바다를 바라볼 수 있는 마지막 저녁이었다
it was the last evening she would gaze into the eternal night
그녀가 영원한 밤을 바라볼 수 있는 마지막 저녁이었다
an eternal night without thoughts or dreams awaited her
생각도 꿈도 없는 영원한 밤이 그녀를 기다리고 있었다
She was born without a soul, and now she could never win one
그녀는 영혼 없이 태어났고, 이제 그녀는 영혼을 얻을 수 없었다

All was joy and gaiety on the ship until long after midnight
자정이 한참 지날 때까지 배 안에서는 모든 것이 기쁨과 흥겨움으로 가득 차 있었다
She smiled and danced with the others on the royal ship
그녀는 미소를 지으며 왕실의 배에 탄 다른 사람들과 함께 춤을 췄다
but she danced while the thought of death was in her heart
그러나 그녀는 죽음에 대한 생각이 마음속에 있을 때 춤을 추었다
she had to watch the prince dance with the princess
그녀는 왕자가 공주와 함께 춤추는 것을 지켜봐야했습니다
she had to watch when the prince kissed his beautiful bride
그녀는 왕자가 아름다운 신부에게 키스하는 것을 지켜봐야했습니다
she had to watch her play with the prince's raven hair

그녀는 왕자의 까마귀 털을 가지고 노는 것을 지켜봐야만 했다
and she had to watch them enter the tent, arm in arm
그리고 그녀는 그들이 팔짱을 낀 채 텐트 안으로 들어가는 것을 지켜봐야 했다

after they had gone all became still on board the ship
그들이 떠난 후에 모두 배 위에 가만히 있게 되었다
only the pilot, who stood at the helm, was still awake
조종석에 서 있던 조종사만이 아직 깨어 있었다
The little mermaid leaned on the edge of the vessel
인어공주는 배의 가장자리에 몸을 기댔다
she looked towards the east for the first blush of morning
그녀는 아침의 첫 홍조를 느끼기 위해 동쪽을 바라보았다
the first ray of the dawn, which was to be her death
그녀의 죽음이 될 새벽의 첫 번째 빛
from far away she saw her sisters rising out of the sea
멀리서 그녀는 자매들이 바다에서 솟아오르는 것을 보았다
They were as pale with fear as she was
그들도 그녀만큼이나 두려움에 창백했다
but their beautiful hair no longer waved in the wind
그러나 그들의 아름다운 머리카락은 더 이상 바람에 흔들리지 않았다
"We have given our hair to the witch," said they
"우리는 마녀에게 머리카락을 바쳤습니다." 그들이 말했다
"so that you do not have to die tonight"
"오늘 밤 죽지 않아도 되도록"
"for our hair we have obtained this knife"
"우리의 머리카락을 위해 우리는 이 칼을 얻었다"
"Before the sun rises you must use this knife"
"해가 뜨기 전에 이 칼을 사용해야 한다"
"you must plunge the knife into the heart of the prince"
"왕자의 심장에 칼을 꽂아야 한다"
"the warm blood of the prince must fall upon your feet"
"왕자의 따뜻한 피가 네 발에 떨어질 것이다"
"and then your feet will grow together again"
"그러면 네 발이 다시 함께 자랄 것이다"
"where you have legs you will have a fish's tail again"

"다리가 있는 곳에 다시 물고기 꼬리가 있을 것이다"
"and where you were human you will once more be a mermaid"
"그리고 당신이 인간이었던 곳에서 당신은 다시 한 번 인어가 될 것입니다"
"then you can return to live with us, under the sea"
"그러면 바다 밑으로 돌아가 우리와 함께 살 수 있습니다"
"and you will be given your three hundred years of a mermaid"
"그리고 당신은 300년 동안 인어로 지낼 것입니다"
"and only then will you be changed into the salty sea foam"
"그래야만 짭짤한 바다 거품으로 변할 것이다"
"Haste, then; either he or you must die before sunrise"
"그럼, 서둘러라. 그놈이나 너는 해가 뜨기 전에 죽어야 한다"
"our old grandmother mourns for you day and night"
"우리 늙은 할머니는 밤낮으로 너를 위해 슬퍼한다"
"her white hair is falling out"
"흰 머리카락이 빠지고 있어요"
"just as our hair fell under the witch's scissors"
"마녀의 가위 밑에 머리카락이 빠진 것처럼"
"Kill the prince, and come back," they begged her
"왕자를 죽이고 돌아오시오." 그들은 그녀에게 간청했다
"Do you not see the first red streaks in the sky?"
"하늘에 첫 번째 붉은 줄무늬가 보이지 않습니까?"
"In a few minutes the sun will rise, and you will die"
"몇 분 후면 해가 떠오르고 너는 죽을 것이다"
having done their best, her sisters sighed deeply
최선을 다한 자매들은 깊은 한숨을 내쉬었다
mournfully her sisters sank back beneath the waves
슬픔에 잠긴 자매들은 파도 아래로 가라앉았다
and the little mermaid was left with the knife in her hands
그리고 인어공주는 손에 칼을 들고 남았습니다

she drew back the crimson curtain of the tent
그녀는 천막의 진홍색 커튼을 걷어냈다
and in the tent she saw the beautiful bride
천막에서 그녀는 아름다운 신부를 보았다

her face was resting on the prince's breast
그녀의 얼굴은 왕자의 가슴에 얹혀 있었다
and then the little mermaid looked at the sky
그리고 인어공주는 하늘을 쳐다보았어요
on the horizon the rosy dawn grew brighter and brighter
지평선 너머로 장밋빛 새벽이 점점 더 밝아졌다
She glanced at the sharp knife in her hands
그녀는 손에 들린 날카로운 칼을 힐끗 쳐다보았다
and again she fixed her eyes on the prince
그리고 그녀는 다시 왕자에게 시선을 고정했다
She bent down and kissed his noble brow
그녀는 몸을 굽혀 그의 고귀한 이마에 입을 맞췄다
he whispered the name of his bride in his dreams
그는 꿈속에서 신부의 이름을 속삭였다
he was dreaming of the princess he had married
그는 자신이 결혼한 공주를 꿈꾸고 있었다
the knife trembled in the hand of the little mermaid
인어공주의 손에서 칼이 떨렸다
but she flung the knife far into the waves
하지만 그녀는 칼을 파도 속으로 멀리 던졌다

where the knife fell the water turned red
칼이 떨어진 곳에서 물이 빨갛게 변했다
the drops that spurted up looked like blood
뿜어져 나오는 물방울은 마치 피처럼 보였다
She cast one last look upon the prince she loved
그녀는 자신이 사랑하는 왕자를 마지막으로 바라보았다
the sun pierced the sky with its golden arrows
태양은 황금빛 화살로 하늘을 꿰뚫었다
and she threw herself from the ship into the sea
그리고 배에서 바다로 몸을 던졌다
the little mermaid felt her body dissolving into foam
인어공주는 자신의 몸이 거품으로 녹아내리는 것을 느꼈다
and all that rose to the surface were bubbles of air
그리고 표면으로 솟아오른 것은 공기 거품뿐이었다
the sun's warm rays fell upon the cold foam
태양의 따뜻한 햇살이 차가운 거품 위로 떨어졌다

but she did not feel as if she were dying
그러나 그는 자신이 죽고 있다는 느낌이 들지 않았다
in a strange way she felt the warmth of the bright sun
이상하게도 그녀는 밝은 태양의 온기를 느꼈다
she saw hundreds of beautiful transparent creatures
그녀는 수백 마리의 아름답고 투명한 생물을 보았습니다
the creatures were floating all around her
생물들이 그녀 주위를 떠다니고 있었다
through them she could see the white sails of the ships
그 사이로 배의 흰 돛이 보였다
and through them she saw the red clouds in the sky
그리고 그것들을 통해 그녀는 하늘의 붉은 구름을 보았다
Their speech was melodious and childlike
그들의 말은 감미롭고 어린아이 같았다
but it could not be heard by mortal ears
그러나 그것은 인간의 귀로는 들을 수 없었다
nor could their bodies be seen by mortal eyes
육신의 눈으로는 볼 수 없었다
The little mermaid perceived that she was like them
인어공주는 그녀가 그들과 같다는 것을 알아차렸다
and she felt that she was rising higher and higher
그리고 그녀는 자신이 점점 더 높이 올라가고 있다고 느꼈다
"Where am I?" asked she, and her voice sounded ethereal
"여긴 어디지?" 그녀가 물었고, 그녀의 목소리는 미묘하게 들렸다
there is no earthly music that could imitate her
그녀를 흉내 낼 수 있는 지상의 음악은 없다
"Among the daughters of the air," answered one of them
"공중의 딸들 중에서," 그들 중 하나가 대답했다
"A mermaid has not an immortal soul"
"인어는 불멸의 영혼을 가지고 있지 않다"
"nor can mermaids obtain immortal souls"
"인어도 불멸의 영혼을 얻을 수 없다"
"unless she wins the love of a human being"
"그녀가 인간의 사랑을 얻지 못한다면"
"on the will of another hangs her eternal destiny"
"다른 사람의 뜻에 그녀의 영원한 운명이 달려 있다"

"like you, we do not have immortal souls either"
"우리도 너처럼 불멸의 영혼을 가지고 있지 않아"
"but we can obtain an immortal soul by our deeds"
"그러나 우리는 우리의 행위로 불멸의 영혼을 얻을 수 있습니다"
"We fly to warm countries and cool the sultry air"
"따뜻한 나라로 날아가 무더운 공기를 식힌다"
"the heat that destroys mankind with pestilence"
"역병으로 인류를 멸망시키는 더위"
"We carry the perfume of the flowers"
"우리는 꽃의 향기를 가지고 다닌다"
"and we spread health and restoration"
"건강과 회복을 전파합니다"

"for three hundred years we travel the world like this"
"300년 동안 우리는 이렇게 세계를 여행합니다"
"in that time we strive to do all the good in our power"
"그 때에 우리는 우리의 힘으로 모든 선을 행하려고 힘씁니다"
"when we succeed we receive an immortal soul"
"성공할 때 우리는 불멸의 영혼을 얻는다"
"and then we too take part in the happiness of mankind"
"그리고 우리도 인류의 행복에 참여하게 됩니다"
"You, poor little mermaid, have done your best"
"불쌍한 인어공주, 최선을 다했어"
"you have tried with your whole heart to do as we are doing"
"여러분은 우리가 하고 있는 것처럼 하려고 온 마음을 다해
노력하셨습니다"
"You have suffered and endured an enormous pain"
"당신은 엄청난 고통을 겪었고 견뎌 왔습니다"
"by your good deeds you raised yourself to the spirit world"
"너희의 선행으로 너희 자신을 영의 세계로 끌어들였느니라"
"and now you will live alongside us for three hundred years"
"이제 당신은 삼백 년 동안 우리와 함께 살게 될 것입니다"
"by striving like us, you may obtain an immortal soul"
"우리처럼 노력하면 불멸의 영혼을 얻을 수 있습니다"
The little mermaid lifted her glorified eyes toward the sun
인어공주는 영광스러운 눈을 들어 태양을 바라보았다.
for the first time, she felt her eyes filling with tears

처음으로, 그녀는 자신의 눈에 눈물이 고이는 것을 느꼈다

On the ship she had left there was life and noise
그녀가 떠난 배에는 생명과 소음이 있었다
she saw the prince and his beautiful bride searched for her
그녀는 왕자와 그의 아름다운 신부가 그녀를 찾는 것을 보았습니다
Sorrowfully, they gazed at the pearly foam
그들은 슬픈 마음으로 진주빛 거품을 바라보았다
it was as if they knew she had thrown herself into the waves
마치 그녀가 파도 속으로 몸을 던졌다는 것을 알고 있는 것 같았다
Unseen, she kissed the forehead of the bride
그녀는 보이지 않게 신부의 이마에 입을 맞췄다
and then she rose with the other children of the air
그러고 나서 그녀는 공중의 다른 아이들과 함께 일어났다
together they went to a rosy cloud that floated above
그들은 함께 하늘에 떠 있는 장밋빛 구름 속으로 갔다

"After three hundred years," one of them started explaining
"300년 후에요." 그들 중 한 명이 설명하기 시작했다
"then we shall float into the kingdom of heaven," said she
"그러면 우리는 하늘 왕국으로 떠내려가게 될 것입니다"
"And we may even get there sooner," whispered a companion
"어쩌면 더 빨리 도착할 수도 있겠지." 동료가 속삭였다
"Unseen we can enter the houses where there are children"
"보이지 않는 곳에 아이들이 있는 집에 들어갈 수 있습니다"
"in some of the houses we find good children"
"어떤 집에서는 착한 아이들을 볼 수 있습니다"
"these children are the joy of their parents"
"이 자녀들은 부모의 기쁨입니다"
"and these children deserve the love of their parents"
"그리고 이 아이들은 부모의 사랑을 받을 자격이 있습니다"
"such children shorten the time of our probation"
"이런 자녀들은 우리의 유예 기간을 단축시켜 줍니다"
"The child does not know when we fly through the room"

"아이는 우리가 방을 날아다닐 때 모른다"
"and they don't know that we smile with joy at their good conduct"
"우리가 자기들의 선한 행실을 보고 기뻐 웃는 것을 그들은 알지 못하느니라"
"because then our judgement comes one day sooner"
"그러면 우리의 심판이 하루 더 빨리 오기 때문입니다"
"But we see naughty and wicked children too"
"하지만 우리는 못되고 사악한 아이들도 봅니다"
"when we see such children we shed tears of sorrow"
"우리는 그런 아이들을 볼 때 슬픔의 눈물을 흘립니다"
"and for every tear we shed a day is added to our time"
"우리가 흘린 모든 눈물은 우리의 시간에 하루가 더해진다"

The End
끝

www.tranzlaty.com

www.ingramcontent.com/pod-product-compliance
Lightning Source LLC
Chambersburg PA
CBHW011953090526
44591CB00020B/2761